SONGES
D'UN
HERMITE.

... Que faire dans un gîte,
à moins que l'on n'y songe?

LA FONTAINE.

A L'HERMITAGE
DE ST. AMOUR.

M.DCC. LXX.

AVERTISSEMENT
DE L'ÉDITEUR.

L'OUVRAGE *que nous présentons au Public subira le sort de toutes les productions littéraires ; des hommes sages en porteront un jugement sain, des savants le critiqueront par préjugé, d'autres le mépriseront par amour propre ; la multitude imbécille le jugera sur parole, & frondera le style sans en avoir aucune idée distincte. Voilà à quoi l'Auteur doit s'attendre ; mais nous pouvons assurer qu'il s'inquiétera fort peu de tous ces jugements hasardés, il est trop au-dessus des préjugés pour se passionner sur ce que l'on appelle la réputation littéraire, & nous nous tromperions lour-*

daignent, si jamais la gloriole, que tant d'Ecrivains ambitionnent, pouvoit enchaîner un seul moment son cœur.

Pour nous, sans prétendre prévenir le jugement du Public, nous avons apperçu dans les Songes de notre Hermite, plusieurs observations très-utiles; la variété des sujets qu'il a traité a piqué notre curiosité jusqu'à la derniere page; & ce qui est plus précieux encore, il nous ont paru faits pour inspirer l'amour de la vertu, & la haine des vices; nous souhaitons ardemment que tous les lecteurs goûtent le même plaisir, & éprouvent les mêmes sensations.

Une solitude est une ressource pour les Songes; si ceux-ci plaisent, nous engagerons l'Auteur à continuer.

SONGES

SONGES PHILOSOPHIQUES D'UN HERMITE.

PREMIER SONGE.

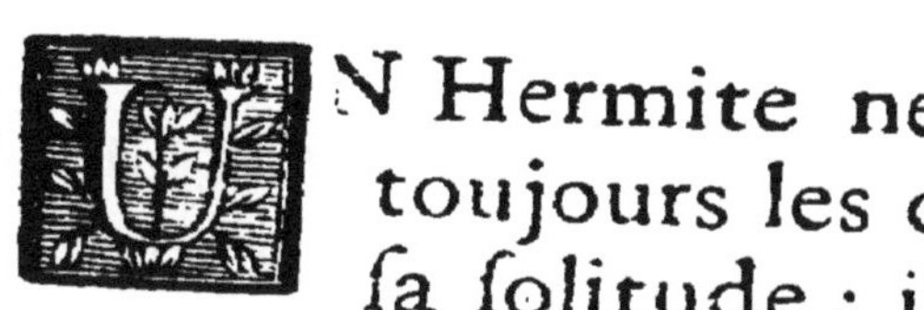

UN Hermite ne goûte pas toujours les charmes de sa solitude ; il a souvent à essuyer des moments de tristesse & d'ennui qui lui font regretter la société de ses semblables. Un jour que j'étois dans ce cas, & que je repassois en mon imagination les objets agréables que j'avois vu dans le monde, je me ſentis vivement preſſé d'abandonner mon déſert : cependant, comme j'y étois accoutumé & que je l'aimois dans le fond du cœur, je prévoyois que cette démarche ſeroit pour moi une ſource de remords qui empoiſonneroit les plaiſirs que je voulois aller chercher dans les villes. En cet état, j'éprouvois au dedans de moi-même un combat violent, qui ſe termina par un profond accablement dans lequel je m'endormis.

Je crus en ſonge avoir trouvé un Taliſman qui avoit la vertu de m'attirer l'amitié de tous ceux que je voulois. Je crus ma fortune faite ; il ne s'agiſſoit que de délibérer quelle amitié me ſeroit plus avantageuſe. Je donnai la préférence à celle d'un Roi.

Aussi-tôt, transporté à la Cour, je me vis dans la plus grande faveur auprès du Prince. Mon Talisman étoit une émeraude sur laquelle étoit gravée l'image de la fortune : je la portois suspendue à des cordons immédiatement sur la peau de l'estomac, de peur de la perdre ; mais tous les soins que je prenois pour conserver ce Talisman, ne purent rendre mon bonheur durable. En vain on le cherche dans les Cours. La faveur où j'étois me fit des envieux. Les Courtisans jetoient sur toutes mes actions un vernis de noirceur & de méchanceté. Quoique la protection du Prince fût pour moi un rampart contre leurs impostures, je ne pouvois m'empêcher de les craindre. Le fracas des affaires, les cérémonies, le faste & le bruit, m'étoient à charge. Je me reprochois les grandes dépenses que ma place exigeoit ; il me sembloit que je les arrachois aux besoins des peuples, & que je faisois couler les larmes des pauvres.

Cette idée portoit dans mon ame le dégoût, l'amertume & les remords. Mes sens agités ne connoissoient plus le repos. Je regrettois le calme & la paix que j'avois goûtés dans mon Hermitage. Enfin les cabales de mes ennemis éclaterent. Le Roi prit des ombrages sur ma fidélité ; je fus disgracié. Je me félicitai de ma chûte ; je me trouvois heureux de ne plus languir, au milieu des terreurs & des ennuis : mais par une inconséquence impardonnable, dont cependant j'ai ouï dire qu'il y avoit des exemples dans le monde, je fis de nouveau servir mon Talisman à l'ambition. Je desirai & j'obtins promptement l'amitié d'un diſtributeur de bénéfices, & ce ne fut pas une amitié oiſive. Elle me procura des biens immenſes. Je fus nommé à pluſieurs groſſes abbayes, & alors j'eus une maiſon montée ſur le plus grand ton, une multitude de valets, une table ſomptueuſe, des parfums, de la muſique, de brillants équipages, &c. Je nageois dans les richeſſes; mais bientôt mes plaiſirs furent troublés de nouveau par les remords. Quand j'étois ſeul, & que j'examinois mon cœur, je me ſentois couvert de confuſion; je ne pouvois penſer, ſans rougir, que je poſſédois tant de biens eccléſiaſtiques, ſans être d'aucune utilité à l'égliſe, ni au public. Les chagrins & les ſoucis ſe joignirent aux remords. J'étois accablé ſous le poids de la triſteſſe. En vain j'aurois voulu y résister ; je ne pus recouvrer la paix qu'en quittant tous mes bénéfices. Devenu libre, je ne fus pas plus sage. Je cherchai d'autres amis par un motif d'intérêt ; & la vertu de mon Talisman fut encore très-efficace : j'en eus de toute sorte d'âge & d'état ; mais je n'avois pas le pouvoir de rendre l'amitié durable, parce que mon Talisman ne changeoit pas le caractere de ceux que je choisissois pour amis. Je fus donc encore malheureux cette fois. Au bout de huit jours, un jeune homme qui m'aimoit tendrement, me chercha mal-à-propos une querelle, & m'étendit sur le carreau d'un coup d'épée dans le ventre. D'autres amis me porterent dans une maison, & rassemblerent autour de moi une troupe de Chirurgiens & de Médecins. L'argent que j'avois fut bientôt dépensé en remedes. Il fallut recourir à la bourse de mes amis; mais au premier mot que je dis pour les intéresser en ma faveur, je les vis tous fuir. Je restai abandonné, & les Médecins me voyant hors d'état de les payer, me donnerent un remede qui me mit aux portes de la mort. Je fus porté dans un hôpital, où je guéris enfin quoiqu'avec peine. J'avois eu le temps de réfléchir sur l'infidélité & la folie de la plupart des hommes, je crus qu'il n'étoit plus de vrais amis dans le monde; & lorsque je pus marcher, j'allai jeter mon Talisman dans la riviere, bien résolu de ne plus sortir de mon hermitage.

SECOND SONGE.

Je ſongeois qu'un orage affreux avoit preſque renverſé ma cellule, pendant une nuit où toute la nature ſembloit bouleverſée. L'aurore écarta ce triſte cahos, & le ſoleil, plus brillant que jamais, diſſipa les nuages qui renfermoient la foudre. Un air frais & tranquille ſuccéda aux vents déchaînés; & les oiſeaux, reprenant de toute part leur gaſouillement, annonçoient le plus beau jour. Je me levai, le cœur plein de joie, en voyant le calme & la ſérénité rendus à la nature; mais inquiet cependant du ravage que la tempête auroit fait dans mon jardin. Ma crainte n'étoit que trop bien fondée: je ſortis, & je vis avec douleur que des œillets que je chériſſois particuliérement avoient été très-maltraités. Les uns penchoient triſtement leur tête, d'autres l'avoient eu totalement coupée. Je m'affligeois, lorſque portant mes yeux plus bas, je vis que la tempête avoit épargné des narciſſes & des violettes qui s'élevoient peu au deſſus de terre : elles avoient même un nouvel agrément, car les gouttes d'eau s'arrondiſſant ſur leurs feuilles, & colorées par un ſoleil vif & brillant, reſſembloient à de belles perles : de ſorte ces petites plantes s'étoient embellies par la même cauſe qui avoit briſé mes œillets. Je voyois de même que les plus humbles légumes de mon jardin, étoient reſtés entiers & ſans aucun mal. Je compris parlà que la tige élevée de mes œillets les avoit exposés à la fureur de l'orage, & avoit causé leur ruine. Alors je me souvins de ma philosophie, & je dis en moi-même: c'est ainsi que le ciel se plaît à frapper les têtes élevées & superbes: c'est ainsi que la fortune se fait un jeu de renverser les fiers colosses qu'elle a le plus comblés de faveur, tandis que les hommes modestes, comme ces violettes & ces légumes, sont à l'abri des grands revers. Je suis dans mon hermitage comme l'herbe qui est épargnée. Les orages de la fortune grondent sur ma tête sans descendre jusqu'à moi Ils renversent les Ministres & les Favoris, & ne font que donner un nouveau prix à ma solitude. Cette pensée me remplit d'une joie réelle qui ne s'évanouit point avec le sommeil.

TROISIEME SONGE.

M'ÉTANT aſſis l'après-midi à l'ombre d'un arbre de mon jardin, je m'amuſois à relire un vieux livre de ſyſtêmes ſur la ſtructure du monde. En réfléchiſſant ſur les étonnantes découvertes de l'eſprit humain, je m'endormis, & mon imagination frappée de ce que j'avois lu, me fit voyager parmi les aſtres. Je croyois qu'un poids naturel m'entraînoit. Je me ſentois tomber vers cette planete dont on dit que l'orbe eſt le plus voiſin du ſoleil, & qu'on nomme *mercure*, à ce que je crois. Je ſentois en m'en approchant une chaleur exceſſive : mon ſang devenoit bouillant, & je me trouvois une vivacité, une pétulance qui m'étonnoient. Un peuple nombreux s'étoit rassemblé pour me voir précipiter du haut des airs, apparemment que leurs Astronomes avoient prédit ma chûte. Les habitants de cette planete avoient une figure approchante de celle des singes. Leurs yeux étoient vifs & pleins de feu. Leurs membres étoient continuellement agités. Ils étoient légers & étourdis, ce que j'attribuai à l'air enflammé qu'ils respiroient, car je me sentois moi-même dans une grande agitation. D'ailleurs ils étoient doux, compatissants & affables, & parloient tous françois, à mon grand étonnement. A peine eus-je mis le pied dans ce nouveau monde, qu'on me porta en triomphe au palais où habitoit le chef de la nation. Il étoit de belle taille, d'une figure entiérement humaine, & paroiſſoit grave & férieux. Il étoit ſur une eſtrade élevée, aſſis ſur un tabouret garni de drap d'or. Plus bas étoient d'autres créatures, moitié hommes, moitié ſinges. C'étoient tous des perſonnages conſidérables, comme il me fut facile d'en juger à des étoiles de papier doré qu'ils portoient collées dans le creux de l'eſtomac. L'un des plus apparents tenoit à la main une canne d'ivoire, un autre des balances, & tous différentes marques de dignité. Le reſte des Courtiſans & la foule qui rempliſſoit le palais, étoient entiérement ſinges. Dès que le Prince faiſoit un mouvement, il étoit à l'inſtant imité par toute l'aſſemblée. Ils quittoient tous en ſa préſence leur air étourdi, & prenoient la gravité de leur maître. Je vis auſſi qu'ils étoient empressés de nouvelles modes ; car en moins d'une heure toute la Cour fut remplie de boîtes, moitié noires, moitié blanches, qu'on nommoit : *A l'homme tombé de la lune*, & dont je fus l'occasion.

Cependant le Prince m'ayant considéré avec un air froid, tous les singes, qui jusques-là m'avoient fait beaucoup de caresses, ne me regarderent plus qu'avec indifférence ; ce qui me détermina à sortir de la Cour, pour aller observer les mœurs de ce peuple. Je fus traité par-tout avec humanité. Je voulus être témoin d'un mariage, & on me le permit. Je n'y trouvai point la gaieté à laquelle je m'étois attendu. Un vieux singe, qui avoit l'air d'un homme d'importance, marioit son fils à la fille d'un autre singe dont la mine étoit tout-à-fait ignoble ; mais qui possédoit de grandes richesses. Elies consistoient en d'immenses sacs de marrons d'Inde, qui sont estimés dans cette planette comme l'or dans la nôtre. Les deux jeunes singes ne paroissoient aucunement occupés l'un de l'autre. Dès que la cérémonie fut achevée, le mari, sans penser qu'il eût une femme, emporta en gambadant les marrons, & la guénon de son côté s'étant formé une cour de jeunes singes, tous empressés à lui plaire, ne parut point inquiete de l'absence de son nouvel époux.

Un bruit se répandit que le Roi étoit devenu dévot, & aussitôt je vis les principaux habitants marcher le dos courbé & d'un air de grande componction. Tous portoient à la ceinture de longs chapelets qui leur descendoient sur les pieds. Mais le lendemain une autre nouvelle ayant détruit celle-là, les ſinges reprirent leur étourderie & jeterent leurs chapelets. Tandis que j'admirois les mœurs de cette planete, & que je penſois à faire d'autres obſervations, une poire trop mûre ſe détacha de l'arbre ſous lequel j'étois endormi; & m'étant tombée ſur le nez, m'éveilla en ſurſaut.

QUATRIEME SONGE.

JE ſongeois qu'après avoir béché quelque temps mon jardin, j'appuyois les deux mains ſur le manche de mon hoyau, & le menton ſur mes mains. En cette poſture, je me repoſois & je méditois, lorſque tout-à-coup je vis ſortir à mes pieds des pointes d'aſperges qui grandiſſoient à meſure que je les regardois. Cet événement me cauſa une grande joie, parce que je n'en avois vu depuis long-temps: je voulus en cueillir une, & je m'apperçus que j'avois coupé un doigt. Dans ma ſurpriſe, je palpai les miens, je les comptai, & voyant qu'il ne m'en manquoit point, je ne ſavois que penſer. Je me penchai pour regarder plus attentivement; mais je fus repouſſé de frayeur à la vue d'une main entiere qui ſortoit de terre. Cependant m'étant raſſuré, & voulant ſavoir ſi mes yeux ne me trompoient point, je portai en héſitant l'index de la main droite contre cette plante ſinguliere, qui auſſi-tôt ſerra fortement mon doigt; je tombai à la renverſe, en pouſſant un cri d'effroi, & demeurai long-temps dans une cruelle perplexité, ſans oſer faire le moindre mouvement. Je me relevai peu-à-peu, n'ouvrant les yeux qu'à demi, & penſant à prendre la fuite. Mais lorſque je fus debout, je me vis environné de membres de corps humains & de corps entiers. Ici, je voyois des pieds, là des mains, ailleurs des têtes, dans un autre endroit des nez, des oreilles ; plus loin des troncs ſans bras ni jambes. Le milieu de mon jardin étoit couvert de figures entieres extrêmement petites. Ce ſpectacle m'anéantiſſoit. Que vais-je devenir ? me diſois-je ; où prendrai-je de la nourriture pour tant de monde ? Que ferai-je de ces membres ſéparés ? Si les gens de juſtice viennent dans ma ſolitude, ne diront-ils pas que je ſuis un meurtrier ?

Dans cette extrêmité, je me

ſouvins d'un habile Phyſicien que je croyois avoir vu à Amſterdam, lorſqu'il commençoit un grand ouvrage ſur l'hiſtoire naturelle. J'allai le conſulter ſur les phénomenes de mon jardin. Mais, en homme prudent, il ne voulut rien décider ſans avoir examiné la choſe par lui-même. Il vint donc dans ma ſolitude; & à la vue de ces nouvelles productions qui m'avoient tant effrayé, il ne témoigna pas la moindre ſurpriſe; ce qui me fit juger qu'il étoit accoutumé de voir des merveilles. Il avoit apporté pluſieurs inſtruments pour faire ſes obſervations, entr'autres un microſcope, par le moyen duquel je vis le doigt que j'avois coupé gros comme mon corps; il le diſſéqua, & trouva dans l'intérieur de l'os une petite molécule qu'il nomma un moule. Il

examina enſuite tous les membres, tous les corps, & la qualité du terrein qui les avoit produits; & après qu'il eut fait ſes obſervations, il ſe tourna vers moi, & me dit qu'il n'y avoit rien de ſurprenant dans le ſpectacle qui m'étonnoit; que tout y étoit ſimple & naturel, & ne pouvoit être autrement. Cependant comme je n'en comprenois pas les cauſes, parce que j'avois peu étudié la nouvelle philoſophie, je le priai de m'expliquer comment des corps humains avoient pu croître en cet endroit, & il continua ainſi:
» Les végétaux & les animaux
» ſont compoſés d'une infinité
» de parties organiques qui leur
» ſont ſemblables; ainſi en ôtant
» à un oignon pluſieurs enve-
» loppes, on retrouve toujours
» un oignon, juſqu'à ce qu'enfin

» on parvienne à ſon germe, qui » doit s'appeller, moule intérieur : car la nature eſt remplie » de molécules organiques vivantes, analogues à tous les » corps exiſtants ou qui peuvent » exiſter, & ces molécules ont » la propriété de s'aſſimiler avec » l'animal ou le végétal qu'elles » veulent former, pourvu qu'elles » trouvent un moule intérieur » auquel elles puiſſent s'attacher » & le pénétrer par une puiſſance admirable dont elles » ſont douées. De-là on doit » conſidérer toutes les parties » d'un animal ou d'un végétal, » comme autant de moules intérieurs auxquels s'aſſimilent » les petits corps organiſés qui » leur ſont analogues ; & de » cette maniere on conçoit clairement que la nature, ſans » qu'il lui en coûte rien, peut

» produire en peu de temps une
» infinité d'êtres vivants qui exiſ-
» toient déja , mais qui n'étoient
» pas viſibles. Le moule inté-
» rieur ſe nourrit par les parties
» des aliments qui lui ſont ana-
» logues ; il ſe développe par
» l'intus-ſuſception des parties or-
» ganiques qui lui conviennent,
» & il ſe reproduit parce qu'il
» contient des parties organiques
» qui lui reſſemblent & qui lui
» ſont venues par la nourriture.
» Voilà pourquoi votre jardin
» produit des corps humains.
» Tout le merveilleux diſparoît,
» dès qu'on ſuppoſe que cet eſ-
» pace de terre fut autrefois un
» cimétiere ; & c'eſt ce que j'ai
» fait d'abord , parce que la
» choſe parle d'elle-même ».

Je reſtai quelque temps dans l'admiration de ce profond raiſonnement. Je voulus lui demander enſuite, ſi, par le moyen des moules intérieurs, il n'étoit pas poſſible qu'un homme eût vingt bras & autant de jambes, ou même ſi la nature, pour s'amuſer, ne pourroit pas un jour faire un ſeul être vivant de tous les hommes & de tous les animaux qui ſont & qui ont été? Mais, à mon grand étonnement, il n'étoit plus en état de répondre à mes queſtions. Toutes ſes parties organiques ſe décompoſoient; & formant un rayon de pouſſiere, alloient ſe raſſembler dans un coin de mon jardin. Je ſuivis leur direction, & je vis qu'elles formoient un roſſignol qui m'amuſa par ſon chant; ce qui me fit comprendre qu'il y avoit dans cet endroit *un moule intérieur de roſſignol, propre à s'aſſimiler les molécules vivantes* du ſavant naturaliſte.

CINQUIEME SONGE.

CROIRA-T-ON qu'un pauvre hermitage ait pu devenir l'objet de l'ambition d'un homme riche & puissant ? Il n'est cependant que trop vrai qu'en un songe je me suis vu chassé de ma cellule, & obligé de l'abandonner au Souverain du pays où elle est située.

J'avois élevé un bélier dont un Berger m'avoit fait l'aumône; il étoit le fidele compagnon de mes promenades & de mes rêveries. Un jour il alla se joindre à un troupeau de brebis qui étoit venu paître peu loin de mon hermitage. La Bergere lui donna du sel & l'emmena avec les siens. Elle le fit admirer à son pere, qui eut envie de

l'avoir

l'avoir. Il vint me prier de le lui vendre; je le refusai, parce que je l'aimois comme un enfant. Mon refus le piqua; & pour s'en venger, il m'accusa auprès de tous ceux qui voulurent l'entendre, d'avoir usurpé une grande étendue de pays; d'en avoir fait un parc où les moutons contractoient des maladies contagieuses, qui ne pouvoient manquer de se répandre & d'infecter les troupeaux voisins. Ces bruits étant parvenus aux oreilles du Souverain, je fus condamné d'abord à m'exiler de mon désert. J'en reçus l'ordre de la main de mon accusateur. J'obéis promptement, jetant cependant un coup d'œil de tendresse sur la chere retraite que je quittois, & sur mon bélier. Je n'avois pas encore fait une lieue, que je reçus ordre de retourner à ma solitude, pour y recevoir des Commissaires chargés de venir vérifier sur les lieux les chefs d'accusation portés contre moi. Je retournai, & j'attendis long-temps les Commissaires. Quand ils furent arrivés, ils m'interrogerent pour savoir si depuis ma condamnation je n'a-vois point détourné, par voie illégitime, l'argent, meubles & bestiaux de mon hermitage. Je répondis que je n'avois d'autres meubles qu'un grabat, un ta-bouret, une table & une écuelle de bois; une paire de lunettes, un bâton, & quelques vieux livres; que mes bestiaux con-sistoient, en un bélier fort spi-rituel & fort gras qui me tenoit compagnie. Ils dresserent pro-cès-verbal de toutes mes ré-ponses; & après avoir mesuré mon jardin & examiné les murs de ma cellule, ils entendirent plusieurs témoins, & mirent en partant les scellés sur mes lunettes & mes autres petits meubles, avec défense de me servir de tout ce qui étoit cacheté. Ils m'enjoignirent outre cela de demeurer dans ma solitude, & de ne pas m'en écarter plus de vingt pas à la ronde. Alors elle n'eut plus de charmes pour moi. L'ennui & la tristesse m'accablerent. Je dressai de longs & respectueux placets pour avoir la permission de quitter ce délicieux désert où j'avois passé de si doux moments. Je faisois parvenir mes plaintes & mes prieres aux oreilles de mes juges, par le moyen d'un petit Berger qui venoit me prier de lui apprendre à lire. Mais toutes mes représentations furent long-temps inutiles; ma cause se plaida lentement. Enfin cependant elle fut jugée. Je reçus la ſentence, qui me permettoit de changer de demeure. Celui qui me l'apporta fut chargé de me faire un très-beau diſcours, dans lequel il me prouva que j'avois été calomnié, & que le ſouverain Maître du pays étoit très-ſatisfait de la vie réguliere que j'avois menée juſques-là dans ſes états; mais qu'il avoit beſoin de ma cellule; & que quand je l'aurois quittée, pour me témoigner ſa bienveillance, il me feroit parvenir tous les ans une ſixieme partie du revenu de mon jardin; qu'au ſurplus, il me permettoit d'emporter mes lunettes. Oh! que je fus content, à mon réveil, de me voir tranquille dans ma retraite!

SIXIEME SONGE.

QUOIQUE je ſois très-pacifique, je me ſuis pluſieurs fois vivement diſputé en ſonge. J'étois devenu antiquaire dans celui-ci ; & en cette qualité, je fus en grande querelle avec d'autres Savants ſur pluſieurs objets d'érudition. Je fis des *in-folio* pour prouver à l'un d'eux qu'une oreille d'une ſtatue coloſſale de Fauſtine, qu'on avoit déterrée depuis peu, avoit été ajoutée & ſculptée plus d'un ſiecle après la figure, & ſur la fin de l'empire d'Alexandre Severe ; au lieu que la ſtatue entiere avoit été exécutée ſous les Antonins, comme il étoit prouvé par le caractere du deſſein & du ciſeau, qui étoit évidemment de ce ſiecle. Je citai tant d'Auteurs, que je crus mon ſyſtême ſur l'oreille de Fauſtine à l'abri de toute conteſtation. Mais mon adverſaire le combattit par un ouvrage encore plus ample que le mien. Je fus enſuite pris pour arbitre entre deux autres antiquaires qui étoient partagés de ſentiment ſur une inſcription gravée dans un marbre fort mutilé, qu'on avoit trouvé en raccommodant un chemin. L'un prétendoit que c'étoit un vœu à Eſculape ; l'autre, le tombeau d'un Druide ; & chacun ſoutenoit ſon opinion avec beaucoup de chaleur, rapportant des autorités ſans nombre. M'étant mis à obſerver ce marbre avec attention, j'y découvris ces mots, en caracteres gothiques : *Route de Châlons à Vitri.* Les deux Savants ne voulurent pas s'en tenir à ma décision, & leur dispute s'échauffa encore davantage ; à tel point même, qu'après s'être chargés d'injures, l'un d'eux jeta le marbre à la tête de son adversaire, & l'en assomma.

Après cette scene sanglante, je crus que j'avois ramassé un des plus beaux cabinets de l'Europe, & que j'y avois employé des sommes immenses. Je possédois des morceaux uniques, entr'autres deux vases d'argile peints, l'un en bleu, & l'autre en rouge brun : ils étoient admirés & enviés de tous les amateurs. J'avois une multitude de canopes, de statues antiques, de médailles & de bronzes. Un jour qu'assis au milieu de mon cabinet, je contemplois mes richesses, une Momie Egyptienne, qui étoit couchée dans ſon coffre, vis-à-vis de moi, ſe leva debout; je fus pénétré de frayeur, & me jetai à genoux. Alors j'entendis ſortir de la bouche du cadavre ces paroles d'une voix baſſe & triſte : inſenſé, pourquoi mettre à des objets qui n'ont ni goût ni utilité, des ſommes dont tu pourrois ſoulager une Province ? ſaches que la ſcience des Antiquaires eſt auſſi obſcure que vaine. Tu crois que je ſuis un de ces anciens Egyptiens que leurs parents embaumoient & conſervoient avec ſoin; apprends que je ſuis un meurtrier. Il n'y a que trois ans que j'ai été pendu à Marſeille. Un Chirurgien de cette ville ſachant combien les voyageurs ſont avides de Momies, après m'avoir embaumé & couvert de bandelettes & d'hyéroglifes qu'il inventa, me vendit à cet Allemand qui m'a revendu à toi. Ayant achevé ces mots, le cadavre retomba dans ſon coffre.

SEPTIEME SONGE.

POUR me tirer de la miſere où je croyois être réduit dans un ſonge, j'imaginai que je pouvois devenir Auteur : mais comme cette profeſſion a pluſieurs branches, il falloit choiſir celle qui pouvoit me donner promptement du pain ſans m'obliger à beaucoup d'étude. Après quelques réflexions, je me déterminai à faire un Commentaire ſur un Auteur grec. En conſéquence, je louai un galetas & beaucoup de dictionnaires, & en très-peu de temps j'eus compoſé un gros livre ſur la retraite des dix mille, rapportée par Xénophon. Je vendis mon manuſcrit, & ma ſurpriſe fut extrême quand je le vis imprimé; car je dois avouer que je n'avois pas la moindre idée de l'art militaire, ni la plus légere teinture du grec. Je tremblois qu'on ne me demandât l'explication de quelques endroits de mon livre, qui, par bonheur, ne ſortit pas du magaſin de l'Imprimeur. Cependant, comme cet Imprimeur n'étoit pas rembourſé de l'argent qu'il m'avoit donné, ni de la dépenſe qu'il avoit faite pour l'impreſſion du Commentaire, il me chargeoit d'injures. D'un autre côté, je n'avois pas payé le loyer de mon galetas, & d'autres dettes que j'avois faites pendant que je travaillois. Car, ſur l'eſpérance d'un produit aſſuré, je m'étois bien nourri & bien vêtu; de ſorte que mes créanciers me voyant hors d'état de m'acquitter auprès d'eux, me firent mettre en priſon. Un homme charitable vint m'y rendre viſite en habit de religieux; je lui contai ma malheureuſe aventure, & il me conſola, en me diſant que mon malheur n'étoit pas ſans eſpérance. Le peu de ſuccès de votre livre, ajouta-t-il, vient, ſans doute, de ce que vous n'y avez rien mis contre le gouvernement ni contre les mœurs: entreprenez un autre ouvrage; faites-y entrer quelques peintures voluptueuſes, des aventures galantes, des railleries ſur la religion, des exclamations contre les préjugés du genre humain, quelques traits contre l'autorité du Souverain & des Magiſtrats; enfin, prenez vos précautions pour faire défendre votre livre, & votre fortune fera faite. Mais, Révérend, lui dis-je, puis-je en confcience fuivre cet avis? Employez en œuvres pies, me répondit-il, une partie du profit que vous ferez; &, fur ma parole, tranquillifez-vous à cet égard.

Je fortis de prifon, je ne fais pourquoi, car je n'y avois pas trouvé de quoi payer mes dettes; & quand je me vis en liberté, je voulus redevenir Auteur de la maniere que m'avoit expliqué mon ami. Je me mis à l'ouvrage; mais, par une erreur d'imagination, il fe trouva, quand il fut fini, que c'étoit un traité fur les généalogies. Il étoit très-profond; c'eft pourquoi il me procura de l'honneur & des richeffes. Tout le monde me croyant habile généalogiſte me demandoit des titres de nobleſſe, & j'en faiſois pour toutes ſortes de perſonnes.

Un Barbier qui étoit devenu fort riche par des héritages, vint me prier de lui chercher une généalogie & des armoiries. Je lui découvris un ancêtre d'illuſtre origine tué à Ceriſoles, une couronne de perles, une épée de Connétable, & un écu à trois pals flamboyants de ſable ſur un champ d'or.

Dans le même temps, je reçus une lettre d'un Commerçant qui avoit fait une groſſe fortune à Cadix. Il étoit fils d'un Tailleur de pierre, & me demandoit une nobleſſe au moins de quatre ſiecles. Je paſſai beaucoup ſes eſpérances. Je le fis deſcendre de Froïla Ier. quatrieme Roi des Aſturies. Je mis parmi ſes ancêtres, des Saints, des Généraux d'ordre, des Cardinaux, & autres perſonnages qualifiés.

Un grand Seigneur voulant épouſer une Comédienne, je fus chargé de trouver à cette femme des parents convenables, & je m'acquittai honorablement de ma commiſſion. Mais, en continuant de rêver, je devins Comédien moi-même. J'avois les plus heureuſes diſpoſitions pour le Théatre : j'étois ferme dans les principes d'effronterie, & incapable de me laiſſer démonter par les huées & les ſifflets. J'étois plaiſant. De jeunes Seigneurs recherchoient ma converſation, & s'en amuſoient. Cependant bientôt je reſſentis les amertumes de cet état. Mes premiers eſſais ſur le Théatre ne furent pas heureux, & je fus roué de coups de canne & de plats d'épée à un ſouper où je m'aviſai de plaiſanter un petit maître qui étoit préſent. Ces revers, & la douleur que je crus reſſentir, me firent ſonger à un autre métier. Je m'engageai pour ſervir de Maître-d'Hôtel dans la maiſon d'un Gentilhomme. En peu de temps je devins très-riche, & mon Maître très-pauvre; mais, ce qui eſt plus incroyable, c'eſt qu'il devint lui-même mon Intendant à ſon tour, & bientôt nous nous retrouvâmes tous deux dans notre premier état. Cette derniere diſgrace m'engagea à quitter le monde; j'aimois la ſolitude & le repos, je me fis Chartreux: mais à peine eus-je été quelque temps dans cette ſainte retraite, que je me vis dans l'impoſſibilité de ſortir de ma cellule, par l'excès de mon embonpoint. Enfin, il me sembla qu'étant auprès de mon feu, je me sentois fondre comme une masse de cire. En vain faisois-je des efforts pour m'éloigner; je devenois liquide. On ne peut s'imaginer l'angoisse où je me trouvois, & combien je me sentis fatigué à mon réveil.

HUITIEME SONGE.

Les plus minces objets sont d'un grand prix quand ils sont nécessaires, & on ne s'en sépare pas sans douleur. Telles sont des lunettes pour un vieillard. Ainsi j'espere qu'on ne trouvera pas ridicule qu'ayant un jour perdu les miennes je m'en sois amérement affligé. Hélas! que serois-je devenu si le ciel ne m'eût rendu mes cheres lunettes? Mais je les ai, & je ne dois pas répéter ici les triſtes plaintes dont je fis retentir mon déſert, lorſque je vis qu'elles me manquoient. Je dirai ſeulement que dans le doux ſommeil que me procura la joie de les revoir, j'en trouvai d'autres bien merveilleuſes; car par leur moyen je pouvois, ſans être apperçu, voir à découvert les penſées des hommes : elles ſe préſentoient à moi à travers ces lunettes, à-peu-près comme on voit les objets dans la chambre obſcure. Je ne ſaurois exprimer quel plaiſir me fit cette découverte. Je m'empreſſai de la mettre en œuvre ſans en faire part à perſonne. Lorſque je délibérois ſur qui je devois commencer mes obſervations, je m'apperçus que j'étois dans un boudoir très-galemment meublé. J'y vis une petite Maîtresse qui, le coude appuyé sur un secretaire, paroissoit rêver. Je mis mes lunettes, & je vis son imagination remplie d'une piece de rubans. Un épagneuil vint ensuite, & fut remplacé par un négre; celui-ci par de petits souliers, & les souliers par des pompons de toute sorte. A tout cela succéderent rapidement, une salle d'opéra, une voiture d'un vernis lilas & argent, deux chevaux tigrés, un cours rempli de monde, une petite perruche, une église, un bréloquier.

Je vis ensuite paroître une petite figure humaine qui, par son air soumis & respectueux, & de fréquents soupirs, me fit juger que c'étoit un amant maltraité. La belle se mit à rire toute seule en pensant à cet homme, qui fut bientôt chassé par une autre petite figure qui parut beaucoup plus à son aise. Il avoit l'air d'un de ces jolis hommes qui possedent l'art de conter des fleurettes & de se moquer de toutes les femmes. Après qu'il eut sifflé & pirouetté, il disparut, & laissa la place à un petit homme fort laid, qui portoit dans ses mains deux sacs pleins d'argent. Celui-ci paroissoit assez bien venu; mais le second s'empara de nouveau de la scene, & y demeura près de six minutes. Le petit épagneuil & le bréloquier l'en chasserent & revinrent pour un moment. Puis je vis un petit sapajou & des brasselets garnis de brillants; & peu après, une jeune femme très-agréable. A l'arrivée de celle-ci, la rêveuse prit un air inquiet & jaloux, se mordant le bout du doigt. Elle ſe leva & fit deux ou trois fois le tour du boudoir, puis s'aſſit devant une toilette & ſe mit à chercher des attitudes de viſage dans ſon miroir. Je la voyois tantôt ſourire avec langueur, tantôt ouvrir les yeux de toutes ſes forces pour trouver des airs de vivacité. Un autre moment elle prenoit une mine froide & dédaigneuſe. Enfin elle ſe mit elle-même dans ſon imagination, à côté de la jeune femme; & moi, croyant m'ennuyer de les voir trop long-temps enſemble, j'allai faire mes obſervations ailleurs. J'entrai dans une belle maiſon, mais biſarrement décorée; j'y vis un homme vêtu d'une maniere extraordinaire, qui étoit aſſis auprès de ſon feu, les pieds ſur les chenets. Il veilloit attentivement ſur des rôties qui cuisoient. Je regardai dans son imagination avec mes lunettes, & le premier objet qui me frappa fut une tourte de franchipane, que je vis assez long-temps; puis j'apperçus un agneau farci de truffes, une mappemonde, des privés à l'angloise, un combat naval, un pâté, le portrait de Sully, des langues salées, une brochée d'éperlans, un jet d'eau, une bibliotheque, les cataractes du Nil; & après tout cela, les rôties étant cuites, il n'y eût plus qu'elles dans le cerveau. Je les lui laissai manger, pour courir à de nouvelles découvertes. Je m'introduisis dans un appartement riche & commode, orné de porcelaines, de tableaux & de vieux-laques. J'y contemplai un gros Abbé, vêtu d'un velours lilas, avec des olives en or & des dentelles. La bonne chere & la ſanté brilloient ſur ſon viſage. Il étoit ſeul devant un grand feu, auprès d'une petite table ſur laquelle étoit du thé. Je demeurai fort long-temps ſans rien découvrir dans ſon imagination : je croyois que la pouſſiere avoit terni mes lunettes ; je les nettoyois & n'appercevois toujours qu'un eſpace ſans objets ; mais, comme j'allois ſortir pour chercher quelque tête plus occupée, je vis paroître un chapeau rouge, une croſſe, une calvacade de Pape, & un grand eſturgeon. A ce ſpectacle, mes lunettes tomberent ; & les ayant remiſes, je me vis dans la chambre d'un petit maître.

Tout y étoit bouleverſé. J'apperçus ſur une table un éventail caſſé, une boîte de pillules, quelques livres, dont le titre me ſcandaliſa, me ſouvenant que j'étois Hermite ; des liſtes de Marchands, un portrait de femme, une épée rompue, pluſieurs jeux de cartes déchirés, des pots d'onguent, & autres objets ſemblables. Lui-même étoit étendu, d'un air arraſſé, ſur une chaiſe longue ; il avoit le viſage pâle & abattu, & tiroit un de ſes bas en regardant ſa jambe avec complaiſance. J'eus beau fixer le ſiege de ſes idées, tourner & retourner ma lunette, je n'y vis que lui-même en miniature, & j'allai chez un Juriſconſulte ; mais je crois que je me trompai, car je ne vis dans la tête de cet homme en ſimarre, qu'une ſalle de comédie, une loge de francs-maçons, & quelques brochures. Je me tranſportai de-là chez un

Théfaurifeur. Il étoit nuit, & je le vis, à la lueur d'une petite lampe, dans un cabinet dont les murailles étoient tapiffées de toiles d'araignées. La porte étoit fermée à plufieurs verroux. Il paroiffoit fort attentif à un calcul; mais le moindre bruit lui faifoit tourner la tête, avec une inquiétude qui fe peignoit fur fon vifage. Je ne vis dans fon ame qu'un coffre-fort & quelques feuilles de papier remplies de chiffres. Je fis un léger bruit, & auffi-tôt je vis entrer précipitamment dans fon imagination cinq ou fix hommes le piftolet à la main. L'Avare pâlit; mais après avoir écouté longtemps, & n'entendant plus rien, il fe remit à fupputer, & je vis fortir les voleurs : mais ayant de nouveau fait un mouvement, ils rentrerent plus précipitamment

ment encore que la premiere fois, y demeurerent fort long-temps, & je les laiſſai.

Je voulus voir l'ame d'un Courtiſan. J'allai chez lui, je le trouvai avec un de ſes amis. Ils ſe donnoient mutuellement des marques touchantes d'eſtime & de la plus tendre affection : mais ayant regardé leurs cœurs, je vis dans celui du premier, ſon tendre ami pendu ; & dans le cœur de l'ami, le Courtiſan roué. Après s'être embraſſés, ils ſe ſéparerent, & l'imagination du Courtiſan ſe remplit ſucceſſivement d'une chaſſe de ſaint Hubert, d'un cordon rouge, d'une Cour nombreuſe, où il paroiſſoit lui-même bas & rampant. Je vis enſuite la maiſon d'un Miniſtre, & le Courtiſan ſe promenant devant la porte d'un des Secretaires, qui le reçut long-temps après d'un air dédaigneux, & le congédia promptement. Ces objets firent place à un bâton de Maréchal, une meute, des chevaux anglois, & une petite maiſon de campagne.

NEUVIEME SONGE.

Je crus me trouver dans ce ſonge à la porte d'un Château magnifique. Sur le point d'y entrer, deux Suiſſes en bandoulieres & en grandes perruques m'arrêterent, tandis qu'un troiſieme domeſtique alla donner avis de mon arrivée à ſon Maître. Un moment après je vis venir à moi un homme magnifiquement vêtu, & tout bouffi d'orgueil : je jugeai que c'étoit le Maître; mais on me dit que ce n'étoit qu'un de ſes Officiers du troiſieme rang : en m'abordant, il me demanda où j'avois laiſſé mon carroſſe & mes gens? je lui répondis que j'étois un pauvre Hermite, & que je n'avois rien de ſemblable : il ne me laiſſa pas achever, & ſe retira avec mépris. Auſſi-tôt j'en vis ſortir un autre tout couvert d'armoiries, qui m'ordonna de le ſuivre. Il me fit entrer, par une porte de derriere, dans une ſalle aſſez mal meublée, mais qui étoit cependant décorée de tous côtés d'armoiries en relief & en peinture. Il me fit apporter des olives, du pain & du cidre. Après ce léger repas, je le priai de me préſenter au Seigneur du lieu. Cette propoſition le choqua; il me répondit, en me regardant de travers, qu'on ne préſentoit pas des gens faits comme moi. Je m'en allois triſtement, lorſqu'il ferma la porte & me dit en jurant, qu'on ne ſortoit pas de cette maiſon ſans donner l'étrenne aux gens. J'avois de bonnes raiſons pour n'en rien faire : je voulus ouvrir la porte pour fuir ; mais tout-à-coup je fus inveſti par quinze ou vingt laquais qui me tinrent le même langage. Quoique je n'eus rien à leur donner, je mis cependant les mains dans mes poches : mais comme ils virent que rien n'en ſortoit pour eux, ils voulurent ſe payer ſur ma perſonne par quelque mauvais traitement. Ils prirent une grande couverture, me mirent deſſus, & commencerent à me berner. A chaque coup ils me jetoient au plafond, où je me meurtriſſois cruellement. Enfin il me ſembla que je paſſois au travers ; & que je me trouvois dans un ſallon magnifique où le Seigneur du Château recevoit ſon monde. Il étoit enfoncé dans un immenſe fauteuil de marroquin, ayant ſur le nez des lunettes garnies de pierreries, & ſur ſa tête une ample perruque : ſa robe étoit d'écarlate ; il avoit une jambe appuyée ſur un tabouret de velours cramoiſi, ce qui me fit comprendre qu'il étoit malade de la goutte. Ses armoiries étoient ſur ce tabouret, & ſur deux croſſes dont il ſe ſervoit pour ſe ſoutenir, quand il vouloit ſe lever. Il examinoit attentivement, l'un après l'autre, de longs rouleaux de parchemin que lui préſentoient avec reſpect tous ceux qui entroient ; & il leur aſſignoit autour de lui des places ſelon le rang de nobleſſe & de richeſſe qu'indiquoit le parchemin. Je ſortis ſans qu'il m'eût apperçu ; & m'étant introduit dans une autre chambre, j'y vis une nombreuſe compagnie, toute occupée à plaiſanter ſur le Maître de la maiſon, & à tourner en ridicule ſes airs de fatuité & l'étiquette qu'il faiſoit obſerver chez lui. Je rencontrai dans une grande ſalle un intime ami que j'avois laiſſé dans le monde, & que je n'avois pas vu depuis vingt-huit ans. Je n'avois ceſſé de penſer à lui depuis que je ſuis dans ma ſolitude ; car les devoirs de l'amitié ont toujours été ſacrés pour moi : quelquefois je croyois le voir & lui parler ; il me répondoit, il me donnoit divers témoignages d'attachement ſincere & tendre ; & ce commerce, tout imaginaire qu'il étoit, avoit pour moi beaucoup de charmes. Dès que je l'apperçus, je m'arrêtai de surprise : il s'arrêta aussi ; & nous étant fixés mutuellement pour nous reconnoître, nous nous élançames au col l'un de l'autre, & nous embrassâmes tendrement. Que je suis transporté ! me dit-il, quel bonheur ! quel ravissement pour moi de vous revoir après tant d'années d'absence ! Je ne sentois pas moins de joie que lui ; j'allois aussi lui faire part de mes transports, lorsqu'un jeune homme passant auprès de nous lui demanda s'il ne venoit pas dîner avec lui ? Oui sans doute, répondit-il, j'y cours : il partit, & je ne le revis plus.

DIXIEME SONGE.

J'ÉTOIS en ſonge aſſis au bord de la Mer. Là, conſidérant les vagues qu'un vent léger pouſſoit ſur le bord du rivage, & les coquillages qu'ils y apportoient & qu'ils r'entraînoient alternativement, j'arrêtai les yeux ſur une huitre qui étoit reſtée à ſec & aſſez loin de l'eau pour que la vague, peu émue dans ce moment, ne pût l'atteindre. Elle s'entrouvroit au ſoleil, & j'apperçus dedans quelque choſe qui brilloit ; j'achevai de l'ouvrir, & je vis que ce qui avoit frappé ma vue de ſon éclat, étoit une petite ſonnette d'or. Le battant étoit une perle. Elle étoit couverte de caracteres extraordinaires. Je fis d'inutiles efforts pour les lire : je la pris avec le bout des doigts; & l'ayant secouée, mon étonnement fut extrême de voir tout-à-coup paroître une longue file d'hommes & de femmes de différents âges & de différents états, qui marchoient deux à deux & passoient devant moi comme en revue. Je compris alors que la sonnette étoit un ouvrage magique qui avoit le pouvoir de ressusciter les morts; car tous ceux qui composoient cette procession étoient des morts anciens & modernes. Je reconnus d'abord saint Chrysostome, en cheveux blancs & en habits pontificaux : sa contenance étoit grave & modeste; l'air de son visage étoit noble, & imprimoit le respect & la vénération. Il s'appuyoit sur un bâton pastoral, & marchoit à pas lents.

A côté de lui marchoit ſur la pointe du pied un Prélat moderne ; il étoit chargé de bijoux, avoit un petit manteau, le chapeau ſous le bras, & tenoit à la main une boîte de paſtilles dont il mâchoit quelques-unes par contenance. Après quelques gambades & quelques pirouettes, il tira de ſa poche un papier, & le préſenta, d'un air léger & agréable, à saint Chryſoſtome : Voyez, Monſeigneur, lui dit-il, ſi je n'ai pas rempli joliment ces bouts-rimés? Le Patriarche y ayant donné un coup d'œil, les jetta avec indignation : il paroît, lui dit-il, d'une voix forte & majeſtueuſe, que vous n'avez guere étudié mes Homélies. Qu'eſt-ce que c'eſt que des Homélies, dit le moderne Prélat, en riant? Et vous, Monſeigneur, avez-vous lu mes Poéſies?

En ce moment, je ſentis une odeur de parfums qui d'abord me flatta; mais, devenant plus forte & plus vive, je fus obligé de me ſerrer le nez. Bientôt je vis paroître deux Militaires : l'un étoit un ancien Chevalier, extrêmement laid de viſage; mais dont l'air étoit martial : il étoit couvert de fer, & portoit une épée de Connétable. Je compris que c'étoit Dugueſclin, dont j'avois autrefois vu le portrait. L'autre étoit un Courtiſan, d'une figure agréable; c'étoit de lui que venoient les parfums : il avoit du rouge, & ſa perruque ceinte de lauriers étoit extrêmement poudrée. Il étoit vêtu le plus galamment du monde; & prenant du tabac d'une façon élégante, il faiſoit briller de beaux diamants qu'il avoit aux doigts : ſa démarche étoit celle d'un danſeur : tantôt il arrangeoit les plumes de ſon chapeau, tantôt avec une petite vergette il ôtoit la pouſſiere qui pouvoit être ſur ſon habit; telle fut la différence que je remarquai entre ces deux hommes. Ils furent ſuivis de deux Magiſtrats qui avoient vécu en des temps différents Le premier étoit en longue robe noire, & paroiſſoit âgé : il avoit la tête raſée & enfoncée dans les épaules, un grand rabat, & l'air ſtudieux & occupé. Il examinoit en marchant gravement un Code relié en parchemin. Je me ſentois pénétré de reſpect pour lui, avant même que je ſus que c'étoit le Préſident Janin. L'autre lui reſſembloit peu; c'étoit un jeune homme en habit de chaſſe, les cheveux noués avec grace : il ſiffloit une contredanſe à la mode, & affectoit des airs étourdis.

Après cela, je vis Jacques-Cœur, ce généreux citoyen, qui n'employoit les biens immenſes que lui avoit acquis ſon induſtrie, qu'à ſecourir ſa patrie & ſon Roi. Son vêtement & ſa contenance étoient modeſtes : je ſentois naître dans mon cœur une ſincere eſtime pour lui, en penſant qu'il avoit ſu ſe défendre de l'orgueil dans une place diſtinguée, & que ſes grandes richeſſes, ni la faveur dont il jouiſſoit, n'avoient pu lui faire oublier ſon premier état. J'obſervai des qualités toutes oppoſées dans un Financier mort depuis peu. Celui-ci étoit tout couvert d'or. Un ventre prodigieuſement gros, un teint frais & vermeil, une perruque bien poudrée, beaucoup de bijoux, concouroient à lui donner l'air opulent. Il s'appuyoit lourdement ſur une béquille à pomme d'or. Sa phyſionomie & ſes manieres étoient vulgaires & ignobles. Ces deux hommes parloient enſemble en marchant. Jacques Cœur déduiſoit au moderne les moyens qu'il avoit employés pour s'enrichir, & l'uſage qu'il avoit fait de ſes biens. Apparemment, lui répondoit le Financier nouveau, que de votre temps on ne connoiſſoit pas toutes les propriétés du zero? Un ſeul coup de plume a fait les deux tiers de ma fortune; je n'avois que faire de prendre tant de peine que vous... Je ne pus entendre le reſte de leur converſation, ils s'éloignoient; & des femmes qui venoient immédiatement après attirerent mon attention; les unes avoient la taille haute & majeſtueuſe; de longs cheveux entremêlés de plusieurs filets de perles, tomboient à grosses boucles sur leurs épaules. Leurs traits étoient fort réguliers ; leur maintien haut & fier: elles étoient vêtues comme nos aïeules sous le regne de Charles VII. Un ample colet monté, beaucoup de perles, des manches courtes & tailladées ; leurs doigts chargés de bagues: un panier long, une robe empesée, annonçoient ces fieres Maîtresses de nos ancêtres qui savoient réveiller, par de généreux reproches, leur courage abattu. A côté d'elles marchoient, d'un air étourdi, plusieurs femmes vêtues à la moderne ; il étoit difficile de distinguer leurs traits naturels ; le vernis qui couvroit leur visage, les rendoit presque toutes semblables ; leurs propos étoient spirituels, mais libertins ; elles inſpiroient la joie & les plaiſirs, mais non pas la vertu.

Je vis enſuite paſſer une partie de la Cour d'Henri IV, ſuivie immédiatement d'une Cour moderne, qui étoit composée d'une multitude de jeunes gens décrépits, de viſages pâles & de petits hommes tout contrefaits : mais les parures, la richeſſe des habits, effaçoient la Cour antique ; car celle-ci n'étoit compoſée que de Guerriers nerveux & robuſtes, couverts de fer, & qui ne paroiſſoient point occupés de leur perſonne.

A cet endroit de mon ſonge, le ſoleil, qui étoit déja aſſez haut, me donnoit ſi vivement dans les yeux, qu'il m'éveilla, & je vis diſparoître à regret tout le ſpectacle.

ONZIEME SONGE.

Un de mes amis, qui vient me voir de temps en temps, m'avoit apporté des ouvrages nouveaux, pour me faire voir comment les connoiſſances des gens de lettres s'étoient perfectionnées depuis que j'avois quitté le monde. Parmi ces livres, il y en avoit d'hiſtoire naturelle fort eſtimés. Je me mis à les lire avec avidité, parce que j'ai toujours aimé ce genre de ſcience. Je fus d'abord frappé de la différence de la nouvelle philoſophie avec celle de mon temps. Il me ſembloit que la moderne valoit mieux; cependant j'y trouvois des choſes qui me choquoient. J'étois révolté de voir que tous les raiſonnements des nouveaux Philoſophes ne tendoient qu'à chercher des cauſes phyſiques à tout, & à diſputer au Créateur, pouce à pouce, pour ainſi dire, la production de ſes ouvrages; mais je croyois voir la vérité dans la maniere dont les ſentiments étoient expoſés : je me laiſſois entraîner & convaincre ; je ne pouvois quitter la lecture. Quand la nuit fut venue, j'allumai promptement ma lampe ; & m'étant aſſis ſur mon lit, je continuai à lire. Comme je n'étois pas accoutumé à veiller, le ſommeil appéſantit mes yeux, je tombai & m'endormis. Alors je crus être aſſis dans un bois touffu, mon livre à la main, réfléchiſſant ſur les ſyſtêmes de la philoſophie nouvelle. Je vis ſortir d'entre les arbres un vénérable Vieillard. Son âge n'étoit marqué que par des cheveux blancs & une barbe longue & touffue qui lui tomboit ſur l'eſtomac. Il n'avoit d'ailleurs aucune marque de caducité. Son front grand & majeſtueux imprimoit le reſpect, ſon regard étoit doux, & ſon viſage plein de grace. Il avoit la tête ceinte d'une couronne d'ormeau, & s'appuyoit ſur une canne d'ivoire. Je fus frappé de ſon aſpect noble & ſimple. Je me levai, & le ſaluai. A quoi rêvez-vous, mon fils, me dit-il? Je lui répondis qu'un livre que je venois de lire m'avoit fait naître des doutes affligeants. Il s'aſſit ſur l'herbe, & me fit aſſeoir à côté de lui. Il y a cinquante ans, me dit-il, que j'ai quitté la Cour, les charges & les honneurs, pour venir dans ces bois jouir de mon exiſtence & étudier la nature : cette étude eſt la plus belle & la plus intéreſſante que l'homme puiſſe faire; mais de profonds & continuels hommages, rendus au Créateur, doivent être le fruit de nos connoiſſances en ce genre. Je m'anéantis devant l'être ſuprême lorſque je conſidere la magnificence de l'univers. Je me perds d'un côté dans l'immenſe étendue de ces tourbillons qui entraînent mille mondes; & de l'autre, dans l'infinie petiteſſe de ces animaux pour qui une goutte d'eau eſt un monde. La moindre production eſt pour moi le ſujet d'une admiration profonde. O mon fils! quel eſt l'égarement de l'eſprit humain, d'avoir oſé attribuer les merveilles de la création à un effet du haſard! Tout ce que nous voyons dans l'univers, ne s'éleve-t-il pas contre une pareille abſurdité ? Notre raiſon même n'en eſt-elle pas révoltée ? Ce brin d'herbe, ce gland, ne ſuffiſent-ils pas pour faire ſentir qu'un être puiſſant a préſidé à la formation du monde & aux plus petits objets ? Conſidérez-vous vous-même un moment, & voyez, mon fils, ſi vous pouvez méconnoître en vous la main d'un Dieu ? Depuis que des milliers d'hommes font des découvertes dans la nature & ſur eux-mêmes, ſavent-ils encore comment ils reſpirent, comment ils vivent, comment ils parlent, comment ils penſent ? Et cependant ils prétendent tout expliquer, & diſputent au Tout-Puiſſant la gloire d'avoir tout fait. Si au moins ils étoient de bonne foi, on les plaindroit de leur aveuglement ; mais, à la honte de la raiſon , ils décident malignement contre la raiſon même. Si la réproduction d'un inſecte échappe à leurs foibles yeux, ils en concluent que le haſard eſt ſon créateur ; tous les autres êtres vivants élevent en vain leur voix : nous ne voyons pas, diſent les Philoſophes, comment celui-ci prend naiſſance ; c'eſt donc la corruption, la pouſſiere, un accident, qui le produiſent. Pour nous, mon fils, adorons la main qui nous a fait & qui nous ſoutient ; nous n'avons beſoin que de nous-mêmes pour reconnoître ſa puiſſance. Quand je conſidere ſeulement qu'au premier ordre de ma volonté, de cette puiſſance inexplicable aux Philoſophes, je mets en mouvement mon corps, qui eſt une machine ſi belle, je m'écrie, plein de gloire & de joie, que je ſuis l'ouvrage d'un Dieu. J'écoutois avec reſpect & intérêt le diſcours de ce ſage Vieillard, lorſque la lumiere que j'avois laiſſé éclairée, ayant mis le feu à la paille de mon lit, m'éveilla en ſurſaut, & penſa incendier ma cellule. Je ne parvins qu'avec peine à l'éteindre; & après avoir chargé de malédictions la philoſophie moderne, qui avoit failli à me faire brûler vif, je me couchai tranquillement, & je goûtai un ſommeil paiſible le reſte de la nuit.

DOUZIEME SONGE.

RIEN n'eſt plus biſarre que les changements qui arrivent dans le ſommeil. Confiné depuis vingt-huit ans dans un déſert où le calme & la paix ſont les ſeules choſes qui me touchent, où rien ne peut irriter mes deſirs ou m'inſpirer la vengeance, je ſuis devenu en ſonge Général d'armée, & j'ai cru que l'Etat ſe repoſoit ſur moi du ſoin de vaincre ſes ennemis. J'avois peine cependant à me charger d'un emploi ſi honorable, & je me ſentois un grand fond de timidité, en penſant aux dangers de la guerre. Mais un homme, qui avoit eu comme moi le commandement des armées, m'aſſura que ma vie ne couroit aucun

aucun riſque; qu'à préſent les Officiers généraux avoient le droit de prendre ſi bien leurs meſures contre les périls, qu'on n'entendoit plus dire, que rarement, qu'une balle leur eût fait la moindre égratigneure. Je fus fort encouragé par cet avis, & je me chargeai volontiers du commandement.

Le Prince que je ſervois aimoit les conquêtes. Il fut décidé dans ſon conſeil que j'irois ſoumettre quelque nation éloignée du côté du nord : mais comme on avoit fait autrefois un traité de paix avec ce peuple, il falloit trouver quelque prétexte plauſible pour le rompre, & on vouloit pouvoir en imputer l'infraction à l'ennemi même qu'on attaquoit, parce qu'autrement la bonne cauſe n'auroit pas été de notre côté,

& la guerre auroit paru injuste. On délibéra long-temps, on tint plusieurs conseils à la Cour. Je profitai de ces moments pour lever des troupes; car en me faisant Général, on ne m'avoit point donné de soldats; sans doute parce qu'on vouloit me laisser la liberté de les choisir à mon gré.

J'avois beaucoup lu dans ma jeunesse, & j'avois remarqué que les Historiens, les Poëtes, les Orateurs & quelques classes même de Philosophes, & presque tous les Gens de Lettres, raisonnoient en merveilles sur l'art militaire. Les uns démontroient clairement que le gain d'une bataille avoit dépendu de telle ou telle cause; que telle manœuvre, par exemple, auroit sauvé l'armée Impériale à la bataille de Bouvines; que si Philippe de Valois se fût emparé des postes élevés à Créci, & s'il avoit su se servir à propos de l'artillerie, les Anglois auroient été battus. D'autres lettrés donnoient des regles de tactique convenables aux différents peuples de l'Europe. Les Géometres donnoient les moyens de battre à coup sûr une forteresse, & de faire éclater la bombe précisément dans l'endroit & sur le point qu'on desiroit. Enfin, me souvenant que les Poëtes chantoient avec enthousiasme le courage, l'intrépidité, la prudence de leur héros, je jugeai qu'ils devoient nécessairement avoir des vertus & des sentiments qu'ils célébroient si bien. Dans ces pensées, je résolus de former une armée de tous ces Savants, si fort instruits du métier de la guerre. Lorſque je les eus enrôlés, je diſtribuai à chacun l'emploi auquel je le crus le plus propre.

Je pris pour mon Général un Savant profond, qui venoit de traduire du grec l'art militaire de Xénophon, & qui connoiſſoit parfaitement la façon de faire la guerre aux Perſes. Je donnai l'emploi de Maréchal de Camp à un Poëte illuſtre, qui, pour s'attirer mon eſtime, avoit promptement commencé un Poëme-épique ſur ma future conquête. Du ſtyle le plus pompeux, il partageoit l'Olympe entre moi & mes ennemis, quoique j'ignoraſſe encore qui ils étoient.

Je créai un Géographe Maréchal-des-Logis, parce qu'on m'avoit averti que cette charge exigeoit une connoiſſance exacte du pays.

Enfin, je nommai aux grades les plus diſtingués ceux des Savants dont les noms étoient les plus connus ; & de la foule des Auteurs médiocres & mauvais, dont le nombre étoit prodigieux, j'en fis des Soldats & des Officiers ſubalternes. Après que j'eus ainſi reglé toutes choſes, j'appris que la guerre étoit déclarée contre la Norwege ; & voici quelle en fut l'occaſion.

Mon Prince avoit fait demander par ſon Ambaſſadeur à cette Cour, qu'on lui envoyât des Perroquets du pays : on lui répondit qu'on ne trouvoit ces oiſeaux que dans l'Amérique & les pays méridionaux, & que la Norvvege n'en fourniſſoit aucun. Là-deſſus la guerre fut déclarée. On répandit un manifeſte, dans lequel mon Prince exposoit les raisons indispensables qui l'obligeoient à troubler, malgré lui, la paix de ses états, & à répandre le sang de son cher peuple.

Ayant reçu ordre de partir, je fis la revue de mes troupes, quoique je fus peu connoisseur en discipline militaire. La plupart de mes Cavaliers ne savoient pas de quel côté l'on montoit à cheval. Quelques-uns s'embarrassoient dans des manteaux noirs qui leur servoient d'uniforme; presque tous avoient des lorgnettes & des perruques qui s'entr'accrochoient avec leurs armes. Ils paroissoient dans l'embarras le plus ridicule.

Je partis à la tête de cette savante armée. Mais dès le second jour de marche le Capitaine des Guides nous égara. C'étoit un Professeur d'Hébreu que j'avois nommé à cet emploi, à cause de sa profonde connoissance des langues. Il avoit beau parler Hébreu, Grec ou Syriaque, aux peuples qui se trouvoient sur notre route, il ne pouvoit ni entendre les Guides, ni apprendre les chemins. Nous nous trouvâmes engagés dans un marais ; &, pour comble de malheur, le Commissaire des vivres s'étant appliqué à faire une Ode à mon honneur, au lieu de pourvoir aux provisions nécessaires, l'armée se trouva affamée. Les Soldats, plats Auteurs, accoutumés à mourir de faim, ne furent pas fort affligés ; mais les Officiers murmuroient tout haut.

Cependant, comme les songes sont inconséquents, je me trouvai, un instant après, à une journée de l'ennemi. Ces peuples, qui avoient de bons espions ſur pieds, avoient ſu la marche de mon armée & le peu d'ordre qui y régnoit, de ſorte qu'ils marchoient en hâte pour nous ſurprendre. J'en reçus la nouvelle par une douzaine de grands hommes ſecs & efflanqués, Auteurs faméliques, qui me ſervoient de coureurs. Je mandai promptement les Géometres, pour leur ordonner un camp fortifié dans les regles, & qui pût réſiſter aux efforts des ennemis. Ils m'apporterent bientôt après un plan levé ſur du papier. C'étoit le plan d'un camp imprenable ; mais ils m'avouerent tous qu'ils ne pouvoient l'exécuter ſur le terrein. Alors j'ordonnai aux Soldats de ſe fortifier comme ils pourroient avec des paliſſades. Ces pauvres gens avoient grande envie de mettre leur vie en sûreté ; mais ne pouvant se défaire de leur paresse ordinaire, l'ouvrage alloit lentement.

Cependant je vis arriver une députation des principaux Officiers d'un Corps de Physiciens. Ils venoient me proposer un moyen qu'ils avoient découvert pour donner une violente commotion électrique à toute l'armée ennemie à la fois. Ils m'assuroient qu'en l'attaquant avec vigueur au moment de la secousse, j'étois assuré d'avoir la victoire. Je goûtai cette idée ; mais il falloit conduire une chaîne d'acier jusqu'au-delà des retranchements ennemis, & aucun de mes Soldats n'en eut le courage. Je fus obligé d'abandonner l'entreprise, & je commençai à craindre une déroute. Mon Lieutenant-général avoit encore moins d'espérance que moi. Il regrettoit les chars armés de Faulx, & la cavalerie de Cyrus le jeune, & ne croyoit pas qu'on pût vaincre sans de pareils secours. Le temps pressoit, je me mis en devoir de ranger mon armée en bataille. Alors chacun me fit savoir qu'il seroit bien aise d'être à l'arriere-garde. Les Philosophes sur-tout montroient une grande envie d'être placés en lieu sûr. Ils étaloient de beaux principes d'humanité, faisoient de sages réflexions sur le peu de durée de la vie des hommes, & sur l'aveuglement qui les poussoit à se faire la guerre. Tous les autres Savants goûtoient ces raisons. La poltronerie se répandit de rang en rang avec rapidité. Pour en prévenir les suites, je fis promptement dresser un échafaut au milieu du camp ; j'y fis monter un Orateur éloquent, qui, par une harangue pleine d'énergie, d'érudition & de solidité, donna une espece de valeur à mes troupes. Il parloit pompeusement de l'honneur, de l'amour de la patrie. Il faisoit souvenir ses auditeurs de l'intrépidité de leurs ancêtres, de ces peuples Gaulois & Germains qui avoient mis Rome à deux doigts de sa perte. A l'endroit le plus animé de son discours, on vint dire que l'ennemi étoit bientôt à la portée du canon. A cette nouvelle, l'Orateur sauta légérement de l'échafaut, & prit la fuite. Les Philosophes l'avoient précédé. Mon Lieutenant-général crioit à pleine tête qu'une retraite, comme celle des dix mille, seroit bien plus glorieuse qu'un combat ; en conséquence il prit les devants. Tout le reste des troupes se débanda ; & , me souvenant moi-même qu'un Général doit ménager sa vie , je me mis à fuir de mon mieux.

TREIZIEME SONGE.

MA Mere & de vieilles parentes m'avoient , dans mon enfance , rempli l'imagination de contes de follets , de morts ressuscités , & d'autres absurdités semblables. Ces traces , gravées profondément dans un cerveau tendre , se cicatrisent , pour ainsi dire , avec l'âge & par le raisonnement ; mais ne s'effacent jamais tout-à-fait : on ne sauroit trop s'élever contre ceux qui donnent ou laissent prendre aux enfants ces fâcheuses impressions, qui influent ſur toute la vie, ſur la ſanté & la façon de penſer.

Pour en venir à mon ſujet, l'un de ces contes qui m'avoit le plus frappé, étoit celui de certains morts qui venoient pendant la nuit ſucer les vivants, & les deſſéchoient en ſe rempliſſant de leur ſang ; & je me ſouviens que dans mon enfance, ils m'ont fait paſſer de méchantes nuits. Je croyois me ſentir ſucer par ces cadavres mal-faiſants ; & dans le vrai, je maigriſſois à vue d'œil ; mais c'étoit un effet de la frayeur. Je ne ſais comment cette nuit mon imagination m'a repréſenté en ſonge ces objets, qui depuis ſi long-temps étoient ſortis de ma mémoire. Je croyois être parmi des ſépulchres dans un bois de cyprès. Là, je voyois ſortir de leurs tombeaux des cadavres deſſéchés qui, ſe tenant debout, paroiſſoient dans l'attitude de quelqu'un qui hume la mouſſe d'un vin ou de telle autre liqueur. Je ne fus pas long-temps à deviner ce qu'ils faiſoient. Je vis une vaſte plaine où grand nombre d'hommes étoient occupés aux différents travaux ruſtiques. Les uns moiſſonnoient, d'autres plantoient, cultivoient la vigne & des arbres à fruits, quelques-uns enſémençoient la terre pour l'année ſuivante; tous étoient couverts de ſueur & de pouſſiere. De ces hommes & des fruits qu'ils cueilliſſoient ou plantoient, je voyois partir des rayons compoſés de petites parties de leur ſubſtance qui alloient ſe rendre dans la bouche des vampires. A meſure que ces ſpectres paroiſſoient ſucer, je voyois les malheureux cultivateurs dépérir, perdre leurs forces, devenir ſecs & malades, & enfin tomber en foibleſſe. Les fruits de leurs peines, les récoltes, les troupeaux, tout venoit ſe rendre dans le goſier altéré des fantômes, qui cependant prenoient un viſage plein, des joues fraîches & vivement colorées, une taille courte & replette ; & tandis que je les conſidérois, leur embonpoint devenoit à chaque inſtant plus exceſſif : enfin, ils parurent tous à mes yeux avec d'amples perruques, des béquilles d'or, des habits fourrés & brodés, & couverts de bijoux. La plupart étoient dans de grands fauteuils, & ſembloient avoir la goutte. Je demandai à quelqu'un ce que c'étoit que ces hommes, & ſi ce n'étoit pas les mêmes que j'avois vu ſortir de terre un moment auparavant ; on me répondit qu'ils ſe nommoient Surintendants, Contrôleurs, Receveurs des Finances, Intendants de Provinces. Je conſidérois avec ſurpriſe le changement que je venois de voir arriver dans leur figure ; cependant ils ſuçoient toujours d'un air auſſi affamé qu'au commencement : leur embonpoint étoit prodigieux. Enfin ils prirent preſque tous une indigeſtion affreuſe, & je les vis avec horreur vomir les aliments dont ils s'étoient remplis.

QUATORZIEME SONGE.

SOUVENT dans le monde j'ai plaint ces femmes livrées à la molleſſe, qui font dépendre leur bonheur d'une infinité d'objets minutieux, & qui s'affligent amérement de leur perte. Je jugeois qu'elles ne pouvoient jamais être contentes, ou que leur contentement étoit auſſi rapide que l'éclair. Ces idées, quoique fort anciennes, me ſont revenues dans un ſonge, & ont été cauſe d'un autre aſſez ſingulier. J'ai vu à découvert le cœur de l'une de ces femmes : il étoit lié à différents endroits par une multitude innombrable de filets, qui par l'autre bout tenoient à tout ce qu'elle aimoit. L'objet dont le fil étoit le plus tendu, étoit un petit perroquet de la plus rare espece. Toutes les fois qu'il paroissoit un peu triste, le cœur de cette femme étoit ébranlé. D'autres chaînes fort tendues, & qui lioient des parties du cœur très-sensibles, étoient celles d'une garniture de cheminée en porcelaine, d'un lustre de la même matiere, d'un secretaire, d'une voiture élégante, d'un petit sapajou jonquille, d'une aigrette de pierreries. Des parures, des bijoux, des mules qui faisoient sentir l'élégance & la petitesse du pieds, tenoient aussi très-fortement au cœur par des fils dont le moindre ébranlement étoit douloureux. Des filets plus minces que les autres, & fort lâches aboutissoient à son mari & à ses enfants ; & par une singularité inconcevable, plus le mari s'éloignoit, plus le fil se détendoit, & ne devenoit gênant pour le cœur, que quand l'objet se rapprochoit.

Cependant, le sapajou perdit un œil en se battant contre un chat. Cet accident ébranla rudement la chaîne. Le cœur de la Dame saigna, & ses yeux répandirent des larmes. Bientôt après, cette affliction fut suivie d'une autre non moins amere : un grouppe de la garniture de la cheminée tomba, & fut cruellement mutilé par cette chûte. Le cœur alors respiroit à peine ; mais le perroquet ayant malheureusement avalé une perfide dragée, sa chaîne emporta une partie du cœur en s'en séparant, & la Dame s'évanouit tout-à-fait : revenue à elle-même, elle continua de recevoir d'autres bleſſures. Toujours quelques filets tiroient fortement ſon cœur, pluſieurs s'en détachoient en le déchirant. Je la plaignois de s'être rendue victime de tant de beſoins, je commençois à faire des réflexions philoſophiques ſur le malheur qu'on a de ſe trop attacher aux vains objets qu'on poſſede, lorſque j'apperçus à côté d'elle une jeune villageoiſe. Elle avoit l'air vif & gai : je ne voyois point ſur ſon viſage l'inquiétude & le regret qui défiguroient celui de la Dame. Son cœur n'avoit que cinq cordons, & je remarquai avec ſatisfaction que le principal enchaînoit le cœur de ſon mari. C'étoit un jeune payſan vigoureux & de bonne mine qui paroiſſoit fort content de ſa femme. Un ſecond cordon ſerroit étroitement un joli petit enfant ; un troiſieme aboutiſſoit â un volaillier bien garni de poules. Les autres moins gros, s'attachoient l'un à deux bœufs, & le dernier à un troupeau de chevres ; je ne les vis point ébranlés pendant tout le temps que je les regardois. Je jugeai que la payſanne étoit plus heureuſe que la Dame. Son cœur étoit en paix, les objets de ſon affection étoient légitimes, le Ciel veilloit à leur conſervation.

QUINZIEME SONGE.

J'AI oui dire cent fois que les ſonges n'étoient que des jeux biſarres de l'imagination, & un extravagant amas de penſées, & d'objets ſans liaiſon. Je l'ai moi-même en effet éprouvé bien ſouvent depuis que je ſuis devenu rêveur par état, & mon lecteur n'aura pas manqué de s'en appercevoir. Cependant il y a des exceptions à la regle: en voici un, par exemple, qui porte un caractere de vérité si frappant, qu'il m'a surpris quand j'ai voulu me le rappeller pour l'écrire ; & lorsque je l'ai relu, j'avois peine à croire que je l'eus fait en dormant. En voici naïvement le récit.

De la fenêtre de ma cellule où j'étois appuyé, je croyois voir le plus beau paysage du monde, c'étoit au Soleil levant; l'air étoit calme & serein. Le principal objet qui frappoit ma vue étoit une montagne, au sommet de laquelle étoit un Temple en rotonde tout d'albâtre de la plus grande blancheur. Le comble étoit couvert de lames d'or, & ce métal brilloit ſur les corniches, les friſes & ſur tous les ornements. Ce bel édifice étoit environné d'une lumiere éblouiſſante : au pied de la montagne, je voyois une vaſte plaine qu'il falloit traverſer pour arriver au Temple. La partie de cette plaine qui étoit à ma gauche me paroiſſoit un lieu de délices. Des prés émaillés de fleurs étoient coupés par des lignes de peupliers & de ſaules. Des ruiſſeaux y promenoient lentement une onde argentine, qui ſe changeant tantôt en nappes d'eau bordées de mouſſe & de violettes, préſentoient des bains tiedes & parfumés ; tantôt tombant avec bruit du haut des élévations, formoient des caſcades, & mille effets charmants ; le gazouillement des oiſeaux, un air frais & embaumé ; tout attiroit dans ce vallon ; tout y reſpiroit le plaiſir. Mais en le parcourant on s'éloignoit beaucoup du Temple, & on aboutiſſoit enfin à un marais affreux, dont l'eau noire & croupiſſante exhaloit une odeur infecte. Au lieu de roſeaux il étoit couvert de feuilles mortes que les vents y apportoient: des herbes empoiſonnées croiſſoient ſur ſes bords, & une vapeur noire & épaiſſe s'élevoit continuellement ſur ſa ſurface. Je détournai les yeux d'un objet ſi triſte, pour examiner le reſte de la plaine qui étoit à ma droite. Il étoit coupé en quatre parties par des lignes paralleles au plan de la montagne. De ces quatre parties, la plus proche de moi étoit la plus agréable. C'étoit une prairie couverte d'herbe naiſſante & d'arbres fleuris : la ſeconde zone étoit un fleuve rapide

rapide qui alloit se jeter avec fracas dans le marais. Il avoit plusieurs isles délicieuses du côté de son embouchure, & ces isles cachoient le danger de s'abandonner au courant. Au delà du fleuve, & à la troisieme division étoit un beau pays semblable à un verger. Il étoit planté d'arbres chargés de fruits, & de grands chênes qui portoient leurs têtes aux nues. Enfin un quatrieme canton tout différent faisoit partie de la montagne. Une Automne continuelle y régnoit & les arbres jetoient des feuilles en partie ; j'y voyois même de la neige & des glaçons. Pour arriver au Temple il falloit traverser chaque zone. Le chemin de la premiere la plus éloignée du Temple étoit large & beau, mais il aboutissoit au fleuve dont le passage étoit extrêmement dangereux. Il y avoit à la vérité des canots, & des rames sur les bords pour aider les voyageurs; mais le courant étoit si rapide qu'on avoit peine à traverser en droite ligne. Le chemin depuis l'autre bord du fleuve par la troisieme division étoit moins difficile ; mais aride & raboteux. Enfin le chemin frayé à travers la quatrieme zone étoit le plus aisé, & arrivoit au sommet de la montagne par une pente douce.

Tout ce pays étoit peuplé d'une multitude innombrable, de personnes de tout âge, de tout sexe & de tout état. Je les vis tous partir de la premiere ligne & diriger leur marche du côté de la montagne. Ils suivirent d'abord le chemin qui y conduisoit directement ; mais à peine étoient-ils arrivés au fleuve, qu'enchantés par la beauté trompeuſe du vallon qui ſe préſentoit à gauche, ils oublioient le but où ils tendoient. La plupart, ſans daigner même s'embarquer ſur les canots qui bordoient le rivage, ſe jetoient à la nage dans le fleuve, & étoient emportés par ſa rapidité dans le gouffre où il déchargeoit ſes eaux. Grand nombre de ceux qui abordoient ſur la côte enchantée, ſe laiſſoient aller à un penchant naturel qui les conduiſoient ſur les bords du marais. Quelques-uns cependant, effrayés du péril où ils s'étoient mis, venoient rejoindre le chemin de la montagne. Mais les ſentiers qu'ils étoient obligés de prendre, étoient très-difficiles & remplis d'obſtacles. Ceux qui traverſoient le fleuve dans les canots étoient les plus ſages ; cependant je remarquai que très-peu traverſoient en ligne droite. Preſque tous cédoient peu ou beaucoup au courant. Ainſi je voyois qu'une grande partie de la multitude périſſoit dans ce dangereux paſſage. Dans la troiſieme zone la perte étoit moindre. Néanmoins pluſieurs de ceux qui avoient traverſé courageuſement le fleuve, ſe laiſſoient ſéduire par le brillant ſpectacle de la vallée ; quelques-uns revenoient, mais un grand nombre perdoit courage par la difficulté des chemins. Enfin dans la derniere diviſion même, quelques-uns dégoûtés de la longueur du voyage ſe jetoient ſur la gauche, mais ils étoient en petit nombre ; & en général tous ceux qui avoient traverſé le fleuve & la troiſieme zone arrivoient au Temple.

Tout à coup je m'expliquai

à moi-même cette allégorie : j'y vis une peinture fidelle de la vie humaine ; mais considérant combien étoit grand le nombre de ceux qui périssoient, & combien peu échappoient aux périls du voyage, je m'affligeois amérement, & m'abandonnant à un excès de tristesse & à mon jugement aveugle : tant d'hommes ont-ils donc été faits pour périr, me disois-je à moi-même ? Le pere de la nature ne leur donna-t-il l'existence que pour les rendre malheureux ? Pour un qui parvient au but, combien y en a-t-il qui se perdent ? Combien qui cédent aux obstacles qui s'opposent à leur bonheur, & vont se précipiter dans le gouffre ?

Tandis que j'étois abymé dans ces noires pensées, le spectacle le plus éblouissant frappa tout à coup mes yeux. Un rayon du soleil descendoit depuis l'orbe de cet astre jusques à mes pieds. Il étoit accompagné de chaque côté de nuages où se peignoient les plus vives couleurs de l'iris. Un Ange glissant avec rapidité sur la surface plate que présentoit le rayon venoit vers moi. Je me prosternai, me cachant le visage avec les mains. A peine eus-je été un moment dans cette posture qu'une voix douce & majestueuse m'appella. Je levai la tête, & je ne vis plus qu'un beau jeune homme. Ses cheveux blonds étoient noués avec grace sur sa tête : un bandeau couleur d'azur lui ceignoit le front : sa robe d'une blancheur éblouissante se retroussoit avec une ceinture d'or. Il me parla d'un ton grave & imposant; mais plein de douceur : l'Ancien des temps, me dit-il, celui qui mesura l'océan dans le creu de sa main, daigne m'envoyer vers toi pour dissiper les doutes où t'entraîne ton aveugle imagination. Admire sa bonté. Il créa l'homme pour être heureux, mais il veut qu'il tende au bonheur librement, & par l'usage de sa volonté. C'est la prérogative qui le distingue de la brute. Chaque homme sent en lui-même qu'il est libre, & c'est de ce sentiment intime que nait en lui ce doux contentement qu'il goûte en faisant le bien, ou ce cri perçant qui l'effraie & le déchire quand il viole les loix de la nature & du Créateur.

Si l'homme n'étoit pas libre, son cœur n'éprouveroit ni plaisirs ni remords ; il seroit maîtrisé par un instinct aveugle, & perdroit les restes de cette ressemblance auguſte qu'il a avec la Divinité, & qui fait ſa gloire.

C'eſt ſur la liberté de l'homme que ſont fondées toutes les loix Divines & humaines. Le Très-Haut auroit-il ordonné la vertu à ſa créature ? Les hommes imitant l'Etre ſuprême, auroient-ils établi des regles pour le bon ordre, ſi la vertu eût été impraticable, & les paſſions invincibles ?

Apprends que l'Eternel couvre de ſon aîle quiconque a recours à lui. Son bras écarte le vice & mene à la vertu. Ceux que tu voyois périr étoient des orgueilleux qui le mépriſoient & rejetoient ſon ſecours. Sa bonté ſerviroit d'appui à la témérité, ſi elle n'abandonnoit les préſomptueux. Ceſſe donc de murmurer, foible mortel, & adore la juſtice auſſi-bien que la bonté du Tout-Puiſſant. Il permet que le vice ait des attraits pour faire briller la vertu ; mais il donne à ceux qui les lui demandent avec ſincérité les armes pour les vaincre.

A peine l'Envoyé Céleſte eut-il fini ces mots, que ſa taille devint plus qu'humaine : ſa robe tomba majeſtueuſement ſur ſes pieds ; ſix aîles plus blanches que la neige, & dont les extrêmités étoient dorées, couvrirent une partie de ſon corps. Alors je le vis quitter ſa ſubſtance matérielle qu'il avoit priſe pour ne pas m'effrayer ; ſon corps ſe colora comme l'arc-en-ciel, des plus vives couleurs, & s'élevant perpendiculairement dans les airs, il diſparut à mes yeux.

SEIZIEME SONGE.

Je crus en rêvant, me trouver dans une aſſemblée du beau monde. Comme j'étois timide, je me plaçai dans un coin où ſans être à charge à perſonne, je pouvois obſerver ce qui ſe paſſoit & faire des réflexions. Outre pluſieurs tables où l'on jouoit, il y avoit un cercle de femmes, & de deux ou trois hommes qui écoutoient avec intérêt & gaieté un Abbé qui faiſoit le plaiſant, & qui débitoit avec ſatisfaction beaucoup de platitudes, au moins c'eſt ainſi que j'en jugeai. Mais tout à coup je vis tomber ſon caquet à l'arrivée d'un jeune Magiſtrat qui s'empara de l'auditoire, &

ſe mit à parler plus haut, & d'un ton plus ſuffiſant que l'Abbé : celui-ci placé derriere les Dames ſe rongeoit les ongles, pendant que ſon compétiteur triomphant prévenoit par des éclats de rire l'applaudiſſement du cercle. Mais à ſon tour il fut bientôt ſupplanté par un troiſieme plaiſant qui parut. Le Préſident alla tenir compagnie à l'Abbé, & ils ne dirent plus mot ni l'un ni l'autre.

Une des choſes qui m'avoit le plus frappé dans le général de l'aſſemblée, étoit le teint extraordinairement animé des Dames. J'en demandai la cauſe à quelqu'un que je crus connoître : il me tira un peu à l'écart, & me dit que ce teint étoit factice & que c'étoit une parure néceſſaire aux Dames, pour les diſtinguer des Demoiſelles, qui ne s'en ſervoient pas pendant qu'elles eſpéroient de ſe marier. Il ajouta qu'à un certain âge, les femmes ceſſoient de ſe parer de la ſorte, parce qu'alors elles devenoient dévotes ; mais que cet âge n'étoit pas fixé, & qu'il en connoiſſoit de ſoixante ans qui ſemoient encore du rouge dans leurs rides. Il me dit auſſi que les Dames à rouge étoient diviſées en deux claſſes : les malades & les mécontentes.

Après cette inſtruction, je crus voir diſparoître toute l'aſſemblée, & m'étant retiré comme les autres, je me trouvai à la toilette du ſoir de l'une de ces Dames. Je lui vis d'abord cracher ſur une table deux boules d'yvoire aſſez groſſes ; ce qui fut cauſe que ſes joues devinrent prodigieuſement creuſes. Ce beau rouge qui m'avoit tant ſurpris, reſta ſur deux flocons de coton dont elle frotta ſon viſage maigre. Un moment après je vis tomber deux petites bandes de peau de taupes qui lui ſervoient de ſourcils ; ſon teint paroiſſoit encore aſſez blanc ; mais cette beauté ne tarda pas à diſparoître, parce que la Dame ſe ratiſſa le viſage avec un petit couteau d'yvoire, qui fit tomber par écailles une eſpece de replatriſſage qui couvroit ſa peau ridée. J'avoue qu'elle commençoit à me faire peur. Mais la deſtruction n'étoit pas encore finie Elle tira d'un coin de ſa bouche un fil d'archal, & à l'inſtant je vis pleuvoir toutes ſes dents ſur la table. Ses cheveux étoient auſſi poſtiches ; une femme de chambre les prenant par le haut avec la coëffure, porta le tout ſur une tête de bois. Je ne pus me défendre alors d'être effrayé : un teint jaune, une peau flétrie & desséchée, une bouche édentée, des levres bleues & livides, une tête chauve semée seulement de quelques poils gris; il n'en falloit pas tant pour déconcerter un homme qui n'a jamais rien vu. Je voulois fuir & je ne le pouvois; il fallut rester pour voir changer une troisieme fois de figure à ce fantôme. On apporta un vase plein de graisse, & après y avoir trempé des bandelettes on l'empaquetta comme une momie ; elle disparut & je ne vis plus qu'un squelette hideux. Sa table & sa toilette me parurent un sépulchre plein d'ossements ; son cabinet, un souterrein d'où sortoient des voix gémissantes. Je poussai un cri d'effroi, & m'éveillai couvert d'une sueur froide.

DIX-SEPTIEME SONGE.

Je m'amusai pendant le jour à me rappeller le songe précédent, ce qui fut cause que j'en eus un autre du même genre, la nuit suivante. Je n'étois plus timide, je me sentois libre & gai ; il me sembla que dans un bel appartement j'avançois un fauteuil à une femme qui étoit debout, & qui me paroissoit fort incommodée ou fort mal contente, à en juger par son rouge ; car je songeois que le rouge étoit un remede, & non pas une parure ; & que plus les femmes étoient malades, plus elles en mettoient sur leurs joues. Je dis donc à celle-ci que je prenois beaucoup de part à ses maux ; que j'avois éprouvé moi-même un état ſemblable, & que je ſavois bien ce que l'on ſouffroit. Elle m'interrompit par un éclat de rire qui me déconcerta; je voulus lui parler ſur un autre ton ; mais tout à coup, je fus tranſporté dans une autre maiſon dont la maîtreſſe n'avoit que des couleurs naturelles ; je connus par-là qu'elle étoit dans l'âge de dévotion, ce fut ſans doute, en conſéquence de ce qu'on m'avoit dit dans l'autre ſonge, car cela n'eſt pas impoſſible. Je ne dis rien à cela ; mais une autre femme encore jeune me parut mériter un compliment de condoléance, parce que le rouge étoit toujours un remede dans mon imagination. Je commençois à ouvrir la bouche lorſqu'un petit enfant qu'elle tenoit ſur ſes genoux me tendit les bras pour me careſſer : j'ai toujours aimé les enfants ; je le pris par la main que je baiſai ; je l'amuſai par de petits contes & enſuite je le rendis à la Dame en lui diſant : on voit bien, Madame, que vous en êtes la mere, il vous reſſemble parfaitement, une autre que vous ne l'auroit pas fait ſi aimable : à ces mots toute la compagnie rougit & baiſſa les yeux. Je me hâtai de ſortir, & comme j'étois déjà dans l'antichambre, quelqu'un m'appella & me dit que j'avois fait un affront à cette Dame ; qu'elle n'étoit pas mariée & que c'étoit une Chanoineſſe. Ce diſcours me troubla & m'éveilla.

DIX-HUITIEME SONGE.

J'ÉTOIS devenu J****, & d'abord pour faire valoir cette savante qualité, je commençai à dire du mal du Pape, des Cardinaux, des Evêques, &c. je trouvois ce changement bien singulier, parce que j'ai toujours eu horreur de la médisance ; mais je ne sais quoi, me disoit au fond du cœur, que je ne faisois point de mal, & qu'au contraire j'avois la grace efficace pour suivre ma vocation. Je pensois aussi qu'un jeune homme, quelque doux qu'il soit, apprend tout à coup à jurer avec énergie, s'il devient Soldat, Voiturier ou homme de riviere ; ainsi je me rassurai.

Ma charité & mon zele ardent ne tarderent pas à me donner la réputation de Casuiste éclairé. Mes décisions étoient des oracles ; j'étois consulté nuit & jour. Une Dame entr'autres vint pour m'ouvrir sa conscience, non pas en confession, je ne m'en suis jamais mêlé dans mes songes ; mais en conversation comme cela se pratique, quand on veut avoir l'avis d'un Docteur pour contre-balancer celui du Confesseur. Elle avoit beaucoup de peine à s'expliquer; mais comme les Jansénistes ont une grande pénétration & connoissent bien le cœur humain, je vis clairement qu'il s'agissoit d'un péché de la langue, & je lui dis que, sans doute, elle avoit parlé mal de quelqu'un. Oui, Monsieur, me dit-elle en soupirant, & ce qui me fâche, c'est que mon Confesseur prétend que je ſuis obligée à de grandes réparations. Je lui demandai, de quelles perſonnes elle avoit médit ? Hélas ! me répondit-elle, c'eſt d'abord de mon mari, enſuite de quelques Prêtres, des Evêques, de N. S. P. le Pape. En entendant cette déclaration, j'oubliai que j'étois J*** ; je lui dis que ſon Confeſſeur avoit raiſon ; que rien ne pouvoit la diſpenſer des réparations qu'il exigeoit, que les médiſants étoient de véritables voleurs du bien d'autrui, & du bien le plus précieux, que par conſéquent ils étoient obligés auſſi rigoureuſement au moins, que les autres voleurs à réparer le tort qu'ils avoient fait au prochain : qu'outre cela il y avoit dans ſon crime des circonſtances agravantes ; que la qualité des perſonnes dont elle avoit mal parlé augmentoit beaucoup la malice de la médiſance. Elle fondoit en larmes pendant que je lui parlois de la ſorte : je ne ſavois que lui dire pour la conſoler. J'avois envie de pleurer auſſi, car j'ai le cœur tendre : elle ſortit de mon cabinet en murmurant le mot de J****; ce mot me remit dans le chemin. Ah ! Madame, m'écriai-je, je vous demande mille pardons, j'étois diſtrait quand j'ai décidé votre cas. J'ai oublié de vous demander, ſi votre mari, les Prêtres & les Evêques dont il s'agit ſont J**** ? Non, me dit-elle, ils ſont tous conſtitutionnaires. Si cela eſt, Madame, lui dis-je, il faut vous conſoler, le cas eſt différent. Car non-ſeulement vous n'avez point fait de mal ; mais vous avez pratiqué une œuvre de juſtice. En effet, c'eſt un principe reçu, que tous les conſtitutionnaires ſont de petites cervelles, des gens qui n'ont pas le bon ſens, de véritables imbécilles; par conſéquent vous ſentez bien qu'on peut dire de ces gens-là tout ce qu'on veut en ſûreté de conſcience. D'ailleurs tous les Appellants juſques aux femmes, ſont de grands hommes: & je vous demande ſi les grands hommes peuvent pécher en diſant du mal des imbécilles & des faux dévots? J'allois lui donner encore d'autres preuves pour appuyer ma déciſion, lorſqu'on m'apporta une lettre que j'ouvris promptement.

Une Religieuſe malade me conſultoit pour ſavoir ſi elle feroit bien d'obtenir la permiſſion de ſe faire porter ſur le tombeau de St. P**. La queſtion m'embarrassa ; je rêvai long-temps, & enfin il me semble que je répondis à peu près ainsi : ce grand homme n'a jamais prétendu être saint ; s'il l'a été malgré lui, je ne pense pas qu'il puisse malgré lui faire des miracles ; ainsi la Religieuse qui consulte doit admirer le grand Diacre & non pas l'invoquer. A peine avois-je fini cette réponse que je reçus une autre lettre ; mais c'étoit une lettre de cachet, par laquelle j'étois condamné à l'exil Je fus ravi de me voir traité comme les grands hommes : on ne pourroit concevoir quel contentement j'avois de moi-même, & je compris mieux que jamais combien mon esprit étoit élevé. J'obtins quelques jours pour me préparer au voyage, pendant lesquels je reçus la visite de pluſieurs femmes dévotes de grande qualité, qui ſe cottiſerent pour me procurer une abondante ſubſiſtance dans mon exil. Je partis pour Bruxelles, accompagné ſeulement de deux domeſtiques qui m'annoncerent ſur la route comme un Martyr, ce qui m'obligea de mener une vie pénitente. Arrivé à Bruxelles, je me mis à mon aiſe avec d'autres que J**** j'y trouvai. Je ne ſau rois exprimer le plaiſir que j'y goûtai : je ſoupirois cependant quelquefois, c'étoit en penſant à Port-Royal ; le ſouvenir de cette précieuſe ſolitude m'arrachoit des larmes. Dans ces moments d'affliction, je demandois au Ciel la convocation du futur Concile ; & je crus enfin qu'il étoit aſſemblé & qu'on m'y faiſoit prendre ſéance. Mais je reconnus bientôt que j'étois dans une aſſemblée

de

de jeunes filles, qui avec une vieille coquette traitoient la matiere des modes. Elles étoient toutes si attentives & si animées, qu'elles ne prirent pas garde à moi. J'écoutai leur discussion le mieux qu'il me fut possible, mais il m'en est resté peu de chose dans la mémoire, parce que souvent elles parloient toutes à la fois, & que les termes dont elles se servoient étoient pour moi détachés de toute idée. Je compris cependant, à force de réflexions qu'il y avoit trois questions agitées. La premiere, si une certaine chose qu'elles appelloient un *Toquet*, n'étoit pas la véritable coëffure d'une Demoiselle : la seconde, s'il ne seroit pas temps d'achever de découvrir entiérement tout le bras ; & la troisieme, s'il n'y auroit pas plus d'agréments de montrer en riant les dents d'en bas que celles d'en haut. La séance dura deux heures sans qu'on pût rien conclure.

DIX-NEUVIEME SONGE.

Lorsque je voulus quitter le monde, & m'ensevelir dans la solitude, mes parents s'opposerent long-temps à ce dessein. Mais depuis que j'y suis ils m'ont entiérement oublié. Cette indifférence m'a souvent affligé; & un jour que j'en ressentois plus de chagrin qu'à l'ordinaire, m'étant endormi, je crus en songe que j'avois trouvé un trésor en bêchant mon jardin. Cette découverte ne me flatta pas autant qu'on pourroit le croire. Je n'avois plus d'ambition & je chérissois mon Hermitage qui remplissoit mes desirs ; de quel prix peut être un trésor avec de pareilles dispositions ? Je le pris cependant & j'en remplis des vases de bois que j'avois faits depuis peu. Mais continuant à rêver, je vis arriver chez moi deux de mes neveux qui avoient appris, je ne sais comment, ma bonne fortune. Ils me firent les caresses les plus empressées ; pour me plaire, ils trouverent d'abord ma cellule agréable & mon jardin charmant ; puis ils me représenterent que je ne devois pas cependant me fixer irrévocablement dans un désert ; que je me devois à ma famille & à la société, qu'enfin je leur ferois tort en les privant du plaisir de soigner ma vieillesse. Je me laissai gagner à leurs instances ; je fis mes adieux à ma cellule, à ma fontaine & à mon jardin ; je me mis dans une voiture que mes neveux avoient amenée pour mon trésor & pour moi, & ils me conduisirent dans la ville où ils étoient établis. Je fus reçu dans ma famille avec des démonstrations de joie qui me pénétroient. J'étois enchanté des soins & des attentions qu'on avoit pour moi. Cependant, je m'apperçus bientôt qu'on me gardoit à vue, & qu'on écartoit de moi les amis avec lesquels j'aurois voulu vivre familiérement. J'appris aussi qu'on ne parloit avec amitié de moi qu'en ma présence. Tout cela me fit comprendre, quoiqu'en songe, que l'empressement de mes parents se rapportoit plutôt à mon trésor qu'à moi-même. Pour en être plus assuré, je me mis au lit, & je payai un domeſtique pour répandre la nouvelle de ma mort dans la maiſon. Dès qu'il l'eut annoncée, je vis accourir dans ma chambre mes neveux qui, ſans penſer à moi ſe jetterent précipitamment ſur mon coffre. Après l'avoir mis en piece, ils commencerent à ſe battre, chacun voulant tout avoir. Mais dans le moment que le combat étoit le plus animé, je me levai avec indignation, & ils prirent tous la fuite. Alors j'aſſemblai quelques vieux amis que j'avois dans la ville, je leur diſtribuai mon tréſor; & ayant repris ma beſace & mon bâton, je vins me confiner pour jamais dans mon hermitage.

VINGTIEME SONGE.

Je voyois en ſonge une petite ſociété, composée de trois ou quatre femmes dans l'âge de dévotion, & par conſéquent ſans rouge, & d'une jeune fille à marier. Ces femmes donnoient à la jeune toutes à la fois, des avis ſur ſa friſure, ſes nœuds & le reſte de ſa parure. L'une vouloit que la coëffure ſe jetât plus en arriere; l'autre lui apprenoit à faire des geſtes expreſſifs avec l'éventail; la troiſieme à baiſſer la voix, à ſourire d'une façon agréable, & mille autres minauderies. Elles la reprenoient avec dureté lorſqu'elle ne réuſſiſſoit pas au premier eſſai. Pour moi, je la trouvois fort bien ſans toutes ces inſtructions; elle m'intéressoit par son air de décence & de candeur. Je voyois que c'étoit malgré elle qu'elle prenoit les leçons des matrônes & que cette complaisance lui coûtoit beaucoup : elle en avoit les larmes aux yeux ; mais dès que les vieilles s'appercevoient de son ennui, elles l'accabloient d'un babil insupportable. Il falloit que des grimaces ridicules tinssent la place de sa naïveté naturelle. Enfin, après l'avoir presque réduite au désespoir & avoir épuisé leur savoir & leurs maximes sur l'art de la toilette & des contenances, elles changerent le sujet de leur conversation. On parla de la médisance. Les douairieres se récrierent sur l'aigreur, les divisions & les haines que ce vice répandoit dans la société, & sur l'atrocité qu'il y avoit à noircir la réputation du prochain. Elles firent ſur cette matiere les plus belles réflexions. Voyez, dit l'une, Madame telle, qui médit à tort & à travers de tout le monde, comme on lui jette la pierre. Vraiment, reprit une autre, je la trouve admirable, de gloſer ſur les autres; Dieu merci, on ſait un peu les ſiennes. Pour parler comme elle fait, il faudroit que ſa conduite fût meilleure ou moins connue. Comment oſe-t-elle faire certaines hiſtoires devant des perſonnes qui ſavent la part qu'elle y a priſe? Ma foi, ajouta la premiere qui avoit parlé, c'eſt une Veſtale qui n'eſt guere propre à garder le feu ſacré. On dit qu'elle eſt dans la dévotion depuis quelques jours : ſi ce n'eſt pas une grimace, elle fait très-bien ; car après la vie qu'elle a menée, on ne ſauroit trop faire pénitence. Et notre voiſine, dit une autre vieille, qu'en dites-vous ? A-t-on jamais vu un eſprit ſi gauche, ſi tortu ? Elle voudroit encore faire la jeune, comme ſi nous ne ſavions pas ſon âge & ſa vie. Et ſa bonne amie ? C'eſt une femme d'une méchanceté horrible. L'autre jour elle déchira devant moi cinq ou ſix perſonnes de ma connoiſſance, avec une dextérité ſans égale ; il faut ſe défier de ce petit monſtre : quel crime que la médiſance ! Mais, reprit-elle, connoiſſez-vous une perſonne plus médiſante que ma couſine ? Pour moi, je n'en connois point. Elle vient ici quelquefois, vous en pouvez juger. Comme elle a l'eſprit faux ! Et ſa mine, n'eſt-elle pas agréable ?

N'eſt-elle pas bien parée avec ſes dents, qu'elle quitte tous les ſoirs, de peur de les uſer en dormant ? Elles continuerent à déchirer cette abſente, qui entra au moment que l'on débitoit plus de noirceurs ſur ſon compte. Dès qu'elle parut, les vieilles ſe leverent avec empreſſement, & l'embraſſerent. Que vous êtes charmante, s'écrierent-elles, de ne pas nous oublier tout-à-fait ! Nous parlions préciſément de vous ; & nous en diſions bien du mal, comme vous le devez penſer.

VINGT-UNIEME SONGE.

Je me trouvai, dans ce ſonge, chez un connoiſſeur juré dans toutes les productions des beaux arts. C'étoit un homme d'une naiſſance diſtinguée, & dans une place qui le mettoit en état de rendre ſervice aux artiſtes; c'eſt pourquoi j'en vis une foule autour de lui qui venoient le conſulter, & lui demander ſon approbation pour leurs ouvrages. Il les jugeoit d'un ton tranchant, s'excuſant lorſqu'il n'approuvoit pas, ſur la loi qu'il s'étoit faite de ne pas laiſſer écarter les artiſtes des voies du vrai goût par une molle condeſcendance. Il ne parloit que par déciſions. Tous ceux qui lui applaudiſſoient ſe regardoient les uns les autres en riant, & levoient les épaules. En effet, les ſentences qu'il prononçoit avec tant d'aſſurance me paroiſſoient abſurdes. Cependant grand nombre d'Auteurs s'empreſſoient d'avoir ſon avis : l'un liſoit avec enthouſiaſme une Ode fraîchement rimée ; un autre lui faiſoit examiner une planche à moitié gravée, feignant d'avoir quelque embarras pour la perfectionner. Un Muſicien lui demandoit ſon ſentiment ſur une piece de ſa façon qu'il alloit donner au public. Le connoiſſeur, d'un air froid, leur répondoit à tous déciſivement & en deux mots. Chaque artiſte, après avoir donné de grandes louanges à ſon goût, ſe retira, & je reſtai ſeul avec l'amateur.

Il me ſembla que j'avois plus de connoiſſances que lui. Il me montra avec emphaſe de fort mauvais vers qu'il avoit faits ; de la muſique déteſtable qu'il exécutoit ſur un violon perfide qui m'occaſionnoit des friſſons & des grimaces qu'il ne m'étoit pas poſſible de déguiſer. Par bonheur il prenoit tout cela pour des marques d'applaudiſſement ; & me regardant avec ſatisfaction : avouez, diſoit-il précipitamment, que ce paſſage là eſt joli, & continuoit à me déchirer les oreilles. Enfin il me fit grace du violon, pour me faire admirer un mauvais payſage en lavis, qu'il copioit, diſoit-il, cent fois mieux que n'étoit l'original. Son appartement étoit un cahos. L'on y voyoit entaſſés ſur le parquet, des livres, des manuſcrits, des modeles de machines, des eſtampes, des bronzes antiques, des plans &

des inſtruments de muſique, des Médailles, des plantes marines, des pieces de criſtaux. Il avoit des échantillons de tous les arts ; à peine pouvoit-on marcher dans ſon cabinet. Je vis ſur un fauteuil un morceau de vieille moſaïque, des coquilles, un porte-feuille ; & d'un autre côté, un tableau ſur le chevalet. Tout étoit couvert de pouſſiere & de toiles d'araignées ; ce qui me parut aſſez naturel, parce que je comprenois qu'aucune main n'eût oſé toucher à ce ſavant déſordre. Le Maître lui-même étoit dans un déshabillé fort extraordinaire ; il me faiſoit remarquer avec plaiſir l'air négligé de ſa perſonne & de ſon cabinet. C'eſt ainſi, diſoit-il, qu'on eſt obligé d'être, quand on dirige le goût de toute une capitale, & que d'ailleurs on travaille ſoi-même. Il me fit enſuite remarquer le choix de ſa bibliotheque. Mais je n'y vis que des dictionnaires & des livres élémentaires, dans leſquels cet homme, qui avoit la fureur de ſe croire ſavant, n'avoit puiſé que des demi-connoiſſances, plus pernicieuſes que l'ignorance. Il me montra encore un ouvrage qu'il compoſoit ſur l'agriculture; mais le réveil m'empêcha de le lire, & j'en fus bien aiſe : car je ſoupçonnois que, comme tant d'autres, il n'avoit jamais vu cultiver un ſeul arpent.

XXIIe. SONGE.

J'ALLAI frapper à la porte d'un ancien ami. Dès qu'il me vit, il se livra à ces délicieux transports d'amitié, qu'on ne peut que sentir, & qu'on affoibliroit par les expressions les plus vives & les plus énergiques. Quand les premiers moments de notre douce agitation furent passés, je lui dis que toutes ses caresses ne me faisoient pas oublier ce que j'étois, & que je le priois de s'en souvenir. Je me souviens que vous êtes mon ami, me dit-il, en me pressant la main sur la poitrine, & mon cœur ne l'oubliera jamais. Mais, repris-je, la fortune m'a tout ravi; je suis réduit à la pauvreté. Vous êtes mon ami, encore une fois, me dit-il, &

par conſéquent vous ne pouvez être plus pauvre que moi; tout ce que j'ai eſt à vous, & dès ce moment je vous établis Maître de ma maiſon. Il me logea dans un appartement fort commode, & me donna un domeſtique qui avoit ordre de me fournir tout ce que je deſirois. Il n'eſt pas poſſible de goûter ſur la terre un bonheur ſemblable au mien. Ce tendre ami n'avoit rien de caché pour moi, & je pouvois avec aſſurance lui ouvrir mon cœur. Oh! que de charmes on trouve dans les effuſions d'une ſincere amitié! Nous nous retirions dans un cabinet charmant, quoiqu'aſſez petit, & là nous parlions à notre aiſe, ſans autre motif que de nous entendre l'un & l'autre. Il s'étoit aſſocié trois autres amis à peu près de ſon âge. Ils vivoient enſemble dans une douce & honnête liberté. Ils ſe communiquoient leurs lumieres, leurs plaiſirs , leurs peines. Tous quatre aimoient la vertu & en faiſoient le ſolide appui de leur attachement réciproque. Ils étoient bienfaiſants & avoient banni la médiſance de leur ſociété.

Le bonheur d'un ſonge eſt de peu de durée. Un triſte objet vint troubler mes plaiſirs Je ſongeai que j'avois été condamné à une priſon perpétuelle, & que j'étois venu me cacher auprès de mon ami. Je lui confiai mon malheur, & je le priai de m'aider à obtenir ma grace. Il l'entreprit avec un zele & une ardeur qu'on ne ſauroit concevoir; mais quoiqu'il fût aimé & reſpecté de pluſieurs grands perſonnages, il ne put rien obtenir par le moyen des protections. Il fallut répandre de grandes ſommes dans pluſieurs bureaux, & ce ne fut que par la perte de toute ſa fortune qu'il vint à bout de faire abolir ma condamnation. Hélas! plût au Ciel qu'il ne m'eût pas tant aimé! Il parut peu touché d'avoir ſacrifié tout ſon bien pour moi. Il trouvoit même dans ce ſacrifice un plaiſir que rien, diſoit-il, ne pouvoit égaler. Mais ſon cœur, trop ſenſible, ne put tenir contre la lâcheté d'un faux ami C'étoit un homme qui lui avoit juré mille fois le plus ſincere attachement, qui le prioit dans toutes ſes lettres de lui donner l'occaſion de le lui prouver. Il étoit alors puiſſant à la Cour, il auroit pu aiſément obtenir mon pardon par le moyen du Miniſtre : mais ce Miniſtre ne lui plaiſoit pas ; il ne voulut jamais ſe réſoudre à le prier en ma faveur ; & mon ami eut beau l'en conjurer au nom de l'amitié qu'il lui avoit jurée, il eut beau ſe mettre à ſes genoux, rien ne put le toucher: il répondoit qu'il étoit prêt de lui rendre tout autre ſervice ; mais que celui là étoit au-deſſus de ſes forces. Mon ami fut percé de la plus vive douleur: ſon généreux courage le ſoutint cependant juſqu'à ce qu'il eût achevé l'ouvrage de ma délivrance ; mais alors, ſe livrant à toute ſa ſenſibilité, l'amertume rongea ſon cœur ; il mourut quelques jours après, me laiſſant dans une ſituation difficile à dépeindre ; mais qui m'occaſionna des ſenſations ſi douloureuſes, que je m'éveillai en ſurſaut en verſant un torrent de larmes.

XXIIIe. SONGE.

DANS les premiers moments d'un ſommeil léger, je crus entendre près de ma tête un bruit ſourd, qui, n'étant pas aſſez fort pour m'empêcher de dormir, me fit ſonger que j'aſſiſtois à une diſpute. La ſcene étoit dans une grande ſalle remplie d'auditeurs de toute ſorte. Deux hommes en longs rabats étoient aux priſes. Il s'agiſſoit de ce qu'on nomme dans les écoles le *futur contingent*. L'un diſoit que c'étoit une choſe qui devoit arriver ; & l'autre ſoutenoit que c'étoit une choſe qui arriveroit. Chacun s'appuyoit de l'autorité de tous les anciens Docteurs ſcholaſtiques. Tout l'auditoire étoit ému & prenoit part à la chaleur de la dispute. Un des combattants ayant fait un effort pour pousser un cri de victoire à la fin d'un argument, se disloqua la mâchoire, & resta la bouche béante, faisant une fort laide grimace. Alors deux auditeurs se leverent en même-temps, prétendant avoir l'un & l'autre le droit de remplacer le champion estropié. Ils alléguoient tous les deux en leur faveur le temps qu'ils avoient passé sur les bancs, & les lettres de Docteur qu'on leur avoit données. L'un disoit qu'il avoit été reçu Docteur au mois d'avril, & son adversaire au mois de mai, que par conséquent il devoit avoir le pas sur lui. *L*'autre, au contraire, soutenoit que le mois de mai étoit meilleur pour les savants que celui d'avril, & il le prouvoit par quantité d'obſervations faites ſur diverſes productions de la terre & ſur les animaux. En ſe parlant vivement, ces deux hommes s'approchoient peu-à-peu l'un de l'autre, hauſſant la voix, quoiqu'ils euſſent dû naturellement la baiſſer. Quand ils furent aſſez près, ils ſe frapperent ſans le vouloir, en faiſant des geſtes fort animés. Le premier qui ſentit la main de ſon rival, ſe croyant outragé, voulut élever ſon bonnet pour prendre les aſſiſtants à témoins de l'injure qu'il avoit reçue. Mais comme il avoit la main tremblante, il le laiſſa tomber; & s'étant courbé pour le ramaſſer, l'adverſaire lui mit le pied ſur la main, & à l'inſtant s'éleverent des cris confus : toute la ſalle fut remplie de tumulte : on ſe battit de tout côté ; &

m'étant éveillé, il se trouva que tous ces Docteurs qui avoient fait & causé tant de bruit, n'étoient qu'une mouche qui bourdonnoit à mes oreilles.

XXIVe. SONGE.

Je suis toujours surpris quand je pense combien de fois je me suis vu en songe dans le fracas des villes, moi qui les fuyois par goût quand j'y étois engagé, & qui ne respirois que pour la campagne. Dans ce songe, j'étois au milieu d'une de ces grandes cités où regne un bruit continuel. Il pleuvoit abondamment ; & après avoir été éclaboussé par plusieurs voitures, j'eus le malheur d'être renversé dans la boue par un char attelé de six chevaux fougueux,

gueux, & je ſuis bien aſſuré que ce fut la faute des conducteurs inſolents, qui, voyant mon air ſimple & un peu ſauvage, ſe firent un plaiſir de me maltraiter. Je me relevai tout froiſſé; & voyant une de ces maiſons publiques qu'on nomme *Cafés*, je m'y gliſſai, à la faveur de la foule qui y entroit. Je me mis le dos contre un poële, pour faire ſécher mes habits. Pendant ce temps-là, j'examinois la compagnie : je voyois d'un côté des joueurs paſſionnés qui ſe mettoient en fureur quand le ſort ne les favoriſoit pas; ils ſe jettoient à la tête les cartes & les flambeaux, faiſoient mine de vouloir ſe couper la gorge; & après s'être dit mutuellement pluſieurs ſortes d'injures, reprenoient leur jeu avec un ſang froid admirable. Leur table étoit environnée de gens qui prenoient parti pour l'un ou l'autre des joueurs. Près de-là, je remarquai un homme renversé dans un fauteuil, qui ne fixoit aucun objet, & qui exprimoit son ennui par de fréquents bâillements; je jugeai que c'étoit un de ces hommes qu'on voit quelquefois dans le monde, qui, étant à charge aux autres autant qu'à eux-mêmes, vont errant d'une promenade publique à un café; & d'un café à un autre, sans autre but que d'arriver à la fin de la journée. D'un autre côté, un homme en habit noir lisoit la gazette d'un air appliqué & fronçant le sourcil. Un jeune Militaire, tenant un Avocat au bouton, lui démontroit avec chaleur qu'il lui seroit facile, avec six cents hommes, de battre & mettre en déroute l'armée ennemie, & de ſurprendre une telle place. Pluſieurs autres par des raiſonnements politiques brouilloient & raccommodoient à leur gré les Cours de l'Europe en criant à pleine tête. Mais ce qui fixa le plus mon attention, ce fut une foule de petits Maîtres qui par leurs extravagances s'attiroient l'admiration de tout le Café. Ils entroient en ſifflant, ſautant, pirouettant; s'embraſſoient les uns les autres, ſe donnoient des coups de canne, des coups de poings, chantoient, faiſoient un entre-chat, diſoient toutes les ſottiſes que la langue a pu fournir juſqu'à préſent, ſe montroient des billets de bonne fortune, les liſoient tout haut; puis s'alloient battre après avoir payé quelqu'un pour les venir ſéparer. Sur ceux-là ſe mouloient fort mal-adroitement, pluſieurs jeunes gens à peine ſortis du College, qui par-là ſe couvroient d'un ridicule inconcevable. Un des principaux acteurs de ce Café étoit un groſſier plaiſant qui tiroit de ſon auditoire de grands éclats de rire par des obſcénités aſſaiſonnées, de pointes fades, & des impiétés révoltantes. Mais lorſque j'étois le plus occupé de ces obſervations, je vis tous ces déſœuvrés métamorphoſés en hannetons, qui, ſortant par les portes, les fenêtres & les cheminées, s'alloient rendre en bourdonnant ſur un marronnier.

XXVe. SONGE.

Je me crus, dans ce ſonge, exceſſivement riche; & pour faire un honorable emploi de mes richeſſes, j'achetai la nobleſſe avec une belle terre qui me donnoit le titre de Baron. Je fis peindre des armoiries très-illuſtres ſur les portes, les fenêtres, les cheminées de mon château. Je les fis mettre ſur les chapeaux de mes domeſtiques, ſur leurs bas, ſur les fers de mes chevaux, & ſur bien d'autres endroits; mais je les fis graver particuliérement ſur les livres d'une bibliotheque fort volumineuſe que j'achetai tout exprès. Quand j'eus un train de maiſon aſſez paſſable, je m'empreſſai d'aller par-tout porter des billets de viſite ſignés du nom de ma Baronnie. J'en fis faire de plus beaux pour Madame la Baronne mon épouſe, qui étoit très-bien élevée, & qui m'appelloit toujours Monſieur le Baron : nous étions bien reçus par-tout, ſans qu'on nous diſputât notre nobleſſe, parce qu'on ſavoit qu'elle m'avoit coûté fort cher. Je donnai de grands repas qui dérangerent un peu mes affaires ; ce qui me fit prendre la réſolution d'aller paſſer quelque temps dans ma Seigneurie. J'écrivis à mon Châtelain de faire mettre tous mes ſujets ſous les armes quand j'arriverois, pour faire honneur à Madame la Baronne : mais je n'avois pas pris la précaution de la conſulter ſur mon projet ; je ne le lui communiquai que la veille du jour fixé pour le départ. Elle ſe mit dans une violente colere, me demandant ſi je l'avois épouſée pour la trainer à la campagne au milieu des Payſans. Elle me diſoit qu'elle n'étoit pas faite pour cela ; qu'une femme de ſon rang ne devoit pas aller vivre en eſclavage au milieu des champs. Ce diſcours me ſurprit ſi fort, que je tombai à la renverſe. Je m'éveillai, & je vis que réellement j'étois tombé de mon lit. Je m'y remis, me ſentant tout meurtri ; & m'étant rendormi, je ſongeai que j'étois devenu Chirurgien dans un pays étranger. Je fus appellé pour traiter une petite fille qui avoit le nez fort court & le menton trop pointu. Je promis de la guérir. Je la fis paſſer dans un cabinet où j'étalai des outils magnifiques. Je pris des ciſeaux de forme circulaire; & du même coup, ſans le vouloir, je lui coupai le menton & le nez. Elle me fit appercevoir de la mépriſe; &, ſans me déconcerter, je lui dis qu'il avoit fallu couper le nez, afin d'avoir une place aſſez grande pour y adopter le bout du menton : elle goûta cette raiſon; je collai la piece de mon mieux; & croyant m'en aller, je me remis à ſonger que j'étois un grand Seigneur, mais ſans que ma femme revînt en ma penſée.

Mes terres, quoique fort étendues, n'étoient pas proportionnées à mes deſirs; ce qui m'a paru bien étrange à mon réveil, car je n'ai jamais eu d'ambition. Je réſolus donc d'augmenter mes poſſeſſions; & pour cela, je crus qu'il falloit devenir Commerçant. Mais un de mes amis m'ayant fait obſerver que le trafic ne convenoit pas à mon rang, me dit qu'il me procureroit un homme de confiance fort habile, qui en peu d'années viendroit à bout de me rendre maître de tous les fonds de mes Seigneuries. Il m'envoya en effet cet homme, à qui je demandai comment je devois m'y prendre pour devenir plus riche poſſeſſeur. Rien de ſi ſimple, me dit-il : laiſſez, pendant quelques années, arrérager les rentes que vous doivent vos ſerfs ; prêtez-leur à intérêts dans leur beſoin ; & quand les rentes, les arrérages, les ſommes prêtées & les intérêts vaudront la moitié du bien de chaque débiteur, vous les citerez en juſtice. Les frais qui retomberont ſur eux augmenteront leurs dettes, ils vous abandonneront leurs fonds, & il arrivera même que plusieurs seront encore vos débiteurs après que vous aurez acquis tout ce qu'ils possédoient. S'il s'en trouve d'assez aisés pour vous payer réguliérement, & que leur bien vous fasse envie, vous pourrez leur faire des procès, soit parce qu'ils vous auront apporté des œufs trop petits, soit parce qu'ils n'auront pas parlé de vous avec assez de respect, ou qu'ils n'auront pas bien regalé vos gens, & mille autres choses pareilles qui se présentent à tout propos.

En finissant son discours, cet homme se mit à bâiller, & tout à coup sa bouche devenue d'une grandeur prodigieuse, me parut être le repaire des plus sales animaux. Il bâilla une seconde fois, & l'ouverture de sa bouche s'augmentant, sa tête disparut par ce vuide, & tout le reste de son corps se fondit ainsi à mes yeux.

XXVIe. SONGE.

QUOIQU'UNE vie sobre, telle que celle d'un Hermite, soit un moyen efficace pour conserver la santé, il ne m'a pas été possible cependant d'éviter entiérement les maladies dans ma solitude : j'en ai souvent éprouvé de légeres, & je les ai presque toujours guéries avec une décoction des feuilles d'un arbuste que j'ai trouvé tout auprès de ma cellule. Le jour que j'en fis la découverte, je me laissai aller à des profondes réflexions sur l'Art de la Médecine. Je jugeai qu'il étoit impoſſible que les premiers Médecins n'euſſent employé une infinité de remedes nuiſibles, avant que d'en trouver qui ne le fuſſent pas : je m'amuſai à faire un calcul avec un poinçon ſur une écorce d'arbre. Je mis en proportion le nombre de malades & le nombre de Médecins qui ſe trouvent en un ſiecle ſur une certaine étendue de pays ; & je découvris, par cette opération, que chaque Médecin, vivant ſoixante ans, avoit tué ſix cent trente-ſix hommes. Je m'endormis, en remerciant Dieu de n'avoir pas vécu dans ces premiers temps, & je devins Médecin moi-même dans un ſonge.

Je compoſai beaucoup de remedes adouciſſants, parce que j'avois pour principe que toutes les maladies venoient d'échaufſement & d'effervefcence du ſang. Je voulois particuliérement guérir l'inégalité d'humeur qui eſt dans les hommes. Je fis mes premiers eſſais en Hollande ſur pluſieurs femmes qui devinrent folles; ce qui me ſurprit étrangement, car les plantes dont je me ſervois contenoient beaucoup de ſels ſédatifs & anodins. Je ne me décourageois pas cependant, parce que je ſus faire entendre aux maris des malades que leurs femmes avoient depuis long temps une diſpoſition prochaine à la rage, qui, par le ſecours de mes remedes, s'étoit changé en ſimple folie. Quelques-uns même appuyerent mon ſentiment de très-bonnes raiſons, & tous me payerent très-bien. Mais comme je n'étois encore qu'un Médecin de deux jours, je reſſentois quelques remords qui me donnoient de l'inquiétude & me rendoient rêveur.

J'allois ſouvent rendre viſite à mes folles, autant pour faire le devoir de ma charge, que pour examiner ce qu'elles diſoient; car il ne faut quelquefois qu'un mot pour faire changer de ſyſtême aux bons obſervateurs. Une d'elles parut particuliérement mériter mon attention. Sa folie étoit la propreté, dont elle ne ceſſoit de parler. Elle avoit toujours à la main une loupe qui lui faiſoit paroître un grain de pouſſiere comme une énorme ſaleté. Il falloit continuellement épouſſeter ſes meubles. Elle changeoit d'habits à tout inſtant. Son parquet, où je me voyois comme dans une glace, lui ſembloit un grenier à foin. Je la plaignois, & je tâchois de la faire changer de maniere de penser. Mais j'étois encore plus attentif à tirer de sa folie quelque conséquence utile à la Médecine. Je considérai donc que, puisque la poussiere paroissoit un corps si considérable à cette femme, ce corps devoit avoir des parties susceptibles d'être grossies; que ces parties en renfermoient d'autres qui avoient nécessairement quelque vertu. Et considérant d'un autre côté qu'une très-légere dose de certain poison faisoit un grand ravage dans l'estomac & dans toute la machine d'un homme, qui est un corps très-grand, je conclus que l'estomac grossissoit les objets, & que par conséquent la poussiere pourroit bien être un spécifique contre toutes les maladies.

C'eſt un grand avantage pour la ſociété, quand il ſe trouve des hommes courageux qui mettent en pratique les vérités ſpéculatives qu'ils ont découvertes par leurs méditations. C'eſt ce que j'entrepris. Je fis un grand amas de pouſſiere, que je ramaſſai moi-même dans pluſieurs maiſons pour n'être pas trompé. Je préférai celle qu'on faiſoit ſortir des meubles de ſoie, parce que le ver qui donne cette matiere renfermant beaucoup de ſel volatil, de phlegme & d'huile qu'il communique à ſon ouvrage, la pouſſiere, qui a long-temps ſéjourné ſur la ſoie, doit s'être impreignée des mêmes ſubſtances & des qualités bienfaiſantes qu'elles contiennent. Je fis changer de couleur à la pouſſiere & en formai des dragées, non pour lui donner plus d'efficacité ; mais par condeſcendance pour les malades qui n'auroient pas voulu s'en ſervir dans ſon état naturel, & j'y mêlai une préparation d'antimoine, pour la rendre diaphorétique. J'en fis le premier eſſai ſur la dame folle dont j'ai parlé, & le ſuccès paſſa mes eſpérances. Quelques envieux cependant publioient que, malgré mon remede, elle étoit toujours folle ; mais les gens raiſonnables me rendoient juſtice. En effet, elle ne donnoit plus de marques de ſa premiere folie ; & celle dont on continuoit à l'accuſer, conſiſtoit en ce qu'elle croyoit avoir les pieds ſi petits, qu'on ne pouvoit lui perſuader de ſe tenir deſſus.

Cependant je ne ſais comment il arriva que dans ce moment je ſongeai que les dragées étoient devenues un poiſon qui faiſoit beaucoup de ravage; & par une contradiction dont on ne voit des exemples que dans les ſonges, il me ſembloit que j'avois aigri contre moi les autres Médecins, qui auroient dû chanter mes louanges, puiſque je leur procurois de l'ouvrage & du gain. Dans cette extrêmité, je compoſai un livre de lettres que je ſuppoſai m'avoir été écrites par les malades que mes dragées avoient guéris. Ce livre fit taire les Médecins, ou au moins empêcha qu'on ne les crût. J'eus auſſi la précaution de faire préſent de pluſieurs dragées à des Communautés de Moines, de Religieuſes & à des Curés de campagne. Ma libéralité & mon livre parlerent hautement en ma faveur ; & dans peu de temps je reçus autant de lettres véritables, que j'en avois fait de fausses auparavant. On m'écrivoit de toute part pour m'apprendre les miracles opérés par mes dragées, & je dois avouer que j'y voyois quelque chose de surnaturel.

Un Bourgeois de campagne me disoit dans sa lettre que sa femme ayant resté douze jours sans aller du ventre, & ayant fait usage de mon remede, l'effet avoit été si subit & si fort, que le même jour elle étoit morte d'une évacuation extraordinaire. Il ajoutoit que la mort ne venoit point des dragées, mais d'une trop grande abondance de matiere ; ce qui est très-probable, puisque la malade se seroit très-bien portée, si elle ne se fût déchargée que par mesure : mais la précipitation gâte bien des choses ; & comme l'observe Hippocrate, pour vouloir guérir en un jour, on est souvent malade un mois.

Un Religieux qui ne pouvoit s'appliquer à l'étude, sans se sentir accablé de sommeil, fut si parfaitement guéri par l'usage des dragées, que dans sa lettre il m'assuroit qu'il ne dormoit plus ni jour ni nuit ; ce qui est un avantage inestimable pour moi, ajoutoit-il, parce que je pourrai maintenant faire autant d'ouvrage que deux de nos Religieux ensemble, & réparer ainsi le temps perdu. Il me consultoit ensuite sur un déchirement d'entrailles qu'il éprouvoit depuis sa guérison. Je lui répondis qu'il avoit le remede entre les mains, qu'il falloit en continuer l'uſage ; & que ſi par haſard il augmentoit le mal, il devoit redoubler les doſes.

Je fus appellé auprès d'une femme de qualité qui ſe mouroit, & j'y trouvai ſix Médecins qui délibéroient ſur la maniere de la faire vivre encore un jour, & qui ne pouvoient s'accorder. Ils me reçurent froidement d'abord, & ne parurent pas faire grand cas de mon ſavoir, parce que ſans doute ma figure ne les prévint pas en ma faveur. L'un d'eux me harangua en me fixant & faiſant des geſtes analogues à ſes périodes. Quand il eut fini, je lui fis mes excuſes de ne l'avoir pas entendu, & le priai de répéter ce qu'il avoit dit. Il recommença d'un ton plus haut ; & ayant moi-même écouté plus attentivement, je compris qu'il parloit latin. J'étois fort embarrassé, car j'avois oublié cette langue. Je lui répondis par quelques phrases d'un patois des Alpes, qu'il prit pour une langue Orientale, & me jugea sur cela fort savant. Il me demanda ensuite mon avis sur la maladie de la Dame, & comme je ne voulois pas décider à la légere, je m'approchai d'elle pour lui tâter le pouls ; & ayant trouvé qu'elle étoit morte, je dis qu'on m'avoit appellé trop tard, & qu'il étoit impossible de la faire vivre seulement dix minutes. Les Médecins discuterent ma réponse pendant un quart-d'heure, au bout duquel ils virent que la malade n'étoit plus ; ce qui leur donna une grande idée de mon habileté : mais je ne la poussai pas plus loin.

XXVIIe. SONGE.

Tout le monde sait que les Hermites doivent mener une vie pénitente, & endurer quelquefois les douleurs de la faim. J'ai suivi cette regle depuis que je suis dans ma solitude; mais ce n'est pas toujours le devoir qui est le motif de ma pénitence. Je jeûne quelquefois par force, & souvent par paresse, aimant mieux sommeiller & rêver sur l'herbe, que d'aller chercher de la nourriture. Aussi je songe souvent à des repas qui ne me laissent à mon réveil qu'un plus grand appetit. Voici un songe de ce genre.

Je crus que j'étois chez un riche Commerçant Hollandois,

que je me figurai avoir connu autrefois, & qui se piquoit de faire bonne chere. Ma surprise fut extrême, quand à l'heure du repas, étant entré dans la salle à manger, je n'apperçus qu'un poële très-bien chauffé. J'allai à la cuisine, & n'y trouvai personne. Je revins auprès du Maître de la maison, & lui demandai si l'on ne dîneroit pas bientôt : on ne mange plus chez moi, me dit-il; on s'y chauffe. Je crus qu'il plaisantoit; mais me faisant asseoir à ses côtés : je vous parle sérieusement, ajouta-t-il, j'ai renvoyé mon Cuisinier & mon Maître-d'Hôtel, parce que j'ai considéré que tout ce que l'on mange est à pure perte, & que bien souvent même on en est incommodé. J'ai vu clairement qu'il valloit mieux employer mon

mon argent à ma cheminée qu'à ma table. Un bon feu vaut mieux qu'un grand repas. D'ailleurs, en ſe chauffant on peut travailler, on peut jouer, & faire mille choſes qui ſont impoſſibles quand on mange. Je ne pouvois goûter ſes raiſons, parce que j'avois faim : je vous prie, lui dis je, de me faire apporter quelque choſe, car je ſuis prêt à tomber en défaillance. Non, me répondit-il, cela ne ſe peut, perſonne ici n'oſeroit manger depuis que j'ai fait ma réforme. Peut-on mieux ſe régaler que d'être auprès d'un bon feu ?

Je ne ſais quel changement arrivé dans mon eſtomac fit changer d'objet à ma rêverie. Je ceſſai ſans doute de ſentir la faim, car je n'y ſongeai plus. Mais je crois que j'éprouvai une vive ſenſation de froid. Je lui demandai une place près de ſon feu ; & croyant m'en approcher, je me ſentis pincé par un air extrêmement âcre qui me donnoit dans le viſage, & me ſembloit venir par le canal d'une cheminée ſans feu. Je ne m'arrêterai pas à combattre ici ceux qui ne voudront pas croire ces contradictions. Je dirai ſeulement que pendant que je dormois, & dans le moment ſans doute que le Hollandois vouloit me faire chauffer, la fenêtre de ma cellule fut ouverte par un vent du nord des plus violents, qui couvrit tout mon grabat de neige.

En continuant mon ſonge, je diſois à mon hôte que j'avois grand froid ; & par un biſarre effet de mon imagination, c'étoit à table que je lui parlois. Il me ſervoit en abondance des meilleurs mets du repas, mais je ne pouvois manger; je grélautois, je ſoufflois mes doigts. Le Maître ne paroiſſoit faire aucune attention à mon véritable beſoin; & comme je voyois d'autres convives qui ſoupiroient après le feu auſſi-bien que moi, je n'oſois me plaindre. Enfin le repas finit, à ma grande ſatisfaction. Je courus pour être le premier devant la cheminée, le beſoin me faiſant oublier la politeſſe. Mais je ne fus pas plus heureux que ceux qui vinrent après moi. Au lieu d'un bon feu que j'eſpérois, je ne trouvai qu'une lampe ſuſpendue à la cheminée par une chaîne d'argent. Je crus que je m'étois trompé; & j'allois ſortir pour chercher une autre chambre, quand je vis entrer tout le monde dans celle-là. Je ne ſavois que devenir ; je me frottois les mains, je battois des pieds. On apporta du café ; je pris promptement une taſſe, que j'empoignai des deux mains pour les réchauffer un peu. Mais je les avois ſi engourdies, que je ne pus la tenir ; je la laiſſai tomber ſur un parquet magnifique. A cet accident, la Maîtreſſe de la maiſon ſe mit contre moi dans une colère dont je n'avois jamais vu d'exemple, & me dit toutes les injures qui peuvent ſortir de la bouche d'une femme en fureur. Elle appella je ne ſais combien de domeſtiques pour eſſuyer le parquet. Les uns apportoient des éponges, les autres des linges & des drogues que je ne connoiſſois pas. Je remarquai qu'ils avoient tous les mains enflées & le bout du nez rouge, car je penſois toujours au froid que je reſſentois; ce qui me rendit aſſez inſenſible aux injures. Je ſortis de cette chambre, je ne ſais comment; j'allai à la cuiſine, & n'y trouvai de même qu'une lampe ſur un potager. Je demandai au Chef ſi le feu étoit déja éteint. Il me répondit qu'il étoit ſur le potager; & comme il me voyoit un air d'étonnement, il me dit que, pour travailler à cette cuiſine, on ne ſe ſervoit que de la lampe que je voyois; qu'il avoit un ſecret pour en rendre la chaleur exceſſive: il me l'expliqua; mais ne comprenant rien à cette explication, & m'imaginant que le Maître de la maiſon avoit ſans doute le même ſecret pour augmenter la chaleur de ſa lampe, je revins promptement dans ſa chambre. D'où venez-vous donc, me dit-il ? nous avons fait un feu d'enfer, je vous ai fait chercher pour vous en faire profiter ; on ne vous a pas trouvé, & vous arrivez préciſément au moment où il finit. J'avois plus envie de pleurer que de lui répondre ; cependant je lui dis que je n'étois pas allé loin, & que ſon bois brûloit étrangement vîte. Il ne brûle que trop vîte, me dit-il, je me ruine en bois. Mes domeſtiques m'en font une conſommation horrible. J'ai beau crier, leur donner des coups de bâton, rien n'y fait. Je n'oſai plus rien dire. Je voyois ſi peu de bois, que je ne comprenois pas où il pouvoit prendre des bâtons pour frapper ſes domeſtiques. Une foule d'objets confus & vagues remplirent mon imagination juſqu'à mon réveil.

XXVIIIe. SONGE.

Un beau jour d'été ſur le ſoir, m'étant aſſis ſous un chêne, je contemplai les beautés que l'Auteur de la nature prodigue à ſes ouvrages. Cette conſidération me raviſſoit & faiſoit couler dans mon ame une douceur & une abondance de joie paiſible, au-deſſus de tout ce qu'on peut concevoir de plus délicieux. Je m'endormis en cet état, & je fus tranſporté par un ſonge au ſommet d'une montagne, que je crus être tout auprès de ma cellule. Je trouvai ſur ce ſommet une plaine fort étendue, plantée de toutes ſortes d'arbres, & arroſée par différents canaux. Au milieu de la plaine s'élevoit un château bien bâti ; mais d'une architecture ſimple & ſans ornements ſuperflus. J'y entrai avec confiance, quoique j'ignoraſſe le caractere de ceux qui y habitoient. A peine avois-je fait le premier pas, que je vis venir à moi un jeune homme qui m'embraſſa d'un air doux & riant, & m'introduiſit dans un bel appartement. Il étoit grand & bien fait, un air de candeur & d'innocence relevoit la beauté de ſon viſage. On liſoit dans ſes yeux qu'il étoit bienfaiſant : il avoit une longue robe d'une étoffe unie, légere & propre, qu'il ceignoit d'un ruban bleu. Je l'admirois, & ne pouvois comprendre qu'un mortel pût me cauſer toute la ſatisfaction que je goûtois en le regardant. Mais bientôt ſon épouſe ayant parue, mon admiration redoubla. Dès que je l'apperçus, un mouvement involontaire me fit proſterner à ſes pieds. Elle me fit relever avec bonté, me diſant qu'il ne falloit pas tant de cérémonies pour une femme qui vivoit dans la médiocrité. Je ne ſavois où j'étois. Je n'oſois la fixer, par la crainte de diminuer la vénération que ſa premiere vue m'avoit inſpirée. Elle étoit de même âge que ſon mari; &, comme lui, vêtue très-ſimplement: elle travailloit à un ouvrage de laine. Le mari s'occupoit ſur l'ivoire, dont il faiſoit les plus belles choſes du monde. Il me fit aſſeoir, & me dit que chez lui on vivoit en grande liberté; qu'il diſpenſoit tous ceux qui venoient le voir des bienſéances gênantes du grand monde, à condition qu'on le diſpensât lui-même de l'oiſiveté. Son adreſſe m'occupoit très-agréablement, auſſi-bien que ſa converſation. Sa langue ne diſtilloit point la médiſance. Il parloit de ſes ſemblables avec l'intérêt d'un frere pour ſes freres. Il plaignoit les Grands qui s'enſéveliſſoient dans l'oiſiveté & ſe privoient du délicieux plaiſir de la bienfaiſance. On ſe ſert des richeſſes, diſoit-il, pour acheter la bonne chere, de beaux meubles, de beaux équipages, & quelquefois des délices brutales qui s'évanouiſſent lorſqu'à peine on les goûte, & font place à des remords conſtants. Pourquoi ne pas chercher le bonheur où la nature l'a mis? On n'eſt heureux que quand on eſt content;

c'eſt le cœur qui décide en ce point : il eſt, pour ainſi dire, l'organe du bonheur. Or rien ne plaît tant au cœur que la bienfaiſance ; c'eſt la qualité qui lui eſt la plus analogue & la plus naturelle. Les biens extérieurs qui paroiſſent le contenter, ne ſont qu'un voile qui cache ſon indigence ; en les accumulant, le voile s'épaiſſit, & devient une ſurcharge qui le fatigue & l'empêche de faire entendre ſes plaintes. Ah ! s'écrioit-il, ſi les riches ſavoient combien on eſt heureux quand on eſt bienfaiſant ! il n'en eſt aucun qui ne voulût répandre ſes richeſſes dans le ſein de la miſere. Pour moi, je bénis le ciel de m'avoir fixé dans un lieu où chaque jour je puis jouir d'une félicité pure & ſolide en faiſant des heureux.

Lorſqu'avec une petite ſomme je vais tarir les pleurs d'une famille déſolée ; quand je m'apperçois que ma préſence diſſipe la triſteſſe & répand la ſérénité ſur le viſage d'un malheureux, & qu'un léger bienfait change les cris de ſa douleur en cris de joie, de reconnoiſſance & de bénédiction ; quand un tendre enfant, arraché des bras de la mort, & rendu par mes ſoins à ſes parents, vient, conduit par ſa mere, embraſſer mes genoux & me dire que je ſuis ſon pere, de pareils ſpectacles pourroient-ils ne pas ravir mon cœur ? Puis-je alors arrêter ces larmes délicieuſes où l'ame bien née trouve ſon bonheur ?

Je ſerois moins heureux, diſoit-il encore, ſi je l'étois ſeul ; mais une femme vertueuſe redouble mes plaiſirs, en les partageant avec moi, & me faisant partager les siens. Je cours avec elle auprès des malades qui l'appellent à leurs secours. Nous pénétrons ensemble dans de sombres & dégoûtantes cabanes que nous rendons le séjour de la paix. Je la vois s'empresser autour d'un moribond qui lui recommande ses enfants, & qui la bénit, en poussant son dernier soupir. Et quand je reçois les effusions de son ame bienfaisante, quand elle me raconte les charmes qu'elle a goûtés en soulageant la misere, mon cœur ému goûte alors la joie la plus pure, le contentement le plus parfait qu'on puisse concevoir ici-bas.

Telle étoit la conversation de cet homme divin; tels étoient les sentiments des deux époux pour les pauvres habitants de leurs terres. Ils voulurent m'associer à leur promenade, qu'ils dirigerent vers un hameau où ils me dirent qu'il y avoit des malades. Dès qu'ils approcherent, tous les petits enfants pousserent des cris de jubilation qui m'attendrirent. Ils s'empressoient autour d'eux, comme on voit des agneaux courir & entourer la Bergere qui leur présente du sel. Le mari entra dans une chaumiere pour y panser les plaies d'un jeune homme qui étoit tombé d'un arbre & s'étoit fracassé la jambe. La Dame demeura au milieu des enfants & les instruisoit : elle se faisoit rendre compte de leur conduite, leur recommandoit la sincérité, l'obéissance, la fuite de l'oisiveté, & les caressoit tous pour les animer à la pratique des avis qu'elle leur donnoit. Pendant qu'elle s'occupoit ainsi en attendant son époux, une jeune fille vint, les yeux baissés & baignés de larmes, la prier de vouloir bien venir un moment auprès de sa mere, qui avoit une grace à lui demander. Cette femme touchoit à son dernier moment ; son mari & toute sa famille pleuroient autour de son lit. Quand elle apperçut sa bienfaitrice, la joie ranima son visage, & lui redonna assez de force pour pouvoir joindre les mains en signe de reconnoissance. Ma chere amie, lui dit la Dame, avez-vous quelque sujet d'inquiétude que je puisse vous ôter ? Ne vous repoiez-vous pas sur moi du soin de vos petits enfants ? N'êtes-vous pas assurée que je leur servirai de mere ? Ah ! Madame, lui répondit la malade, je connois trop votre bon cœur, pour être inquiete sur le sort de mes enfants; je les quitte sans regret, parce que je sais que vous leur serez plus utile que moi : vous leur avez déja rendu des services que je n'aurois jamais été capable de leur rendre : vous les avez faits instruire de leur devoir, c'est à vous que je dois le plaisir qu'ils m'ont donné, par leur douceur, leur obéissance & l'attachement qu'ils ont eu pour moi : je meurs en paix, en pensant que vous acheverez l'ouvrage, & qu'ils vous seront encore plus chers quand ils n'auront plus de mere. Rien ne m'attachoit à la vie que le plaisir de vous voir & de vous aimer; mais, puisqu'il le faut, je fais ce dernier sacrifice, je me sépare de vous sans me plaindre ; je voudrois ſeulement, en expirant, vous baiſer la main. La Dame ſe jeta à ſon col, & je la perdis de vue.

Je me trouvai au milieu d'un grand nombre de Moiſſonneurs qui chantoient les plaiſirs de la campagne. Ils mêloient dans leurs chanſons le nom de leurs Maîtres, que je venois de quitter, & célébroient leur bienfaiſance. J'écoutois leurs airs champêtres avec une ſatisfaction inexprimable. L'heure du repas vint, ils s'aſſirent tous ſur l'herbe ; & pour commencer, chacun but la ſanté de leurs Seigneurs, leur ſouhaitant mille bénédictions. Je demandai au plus âgé ce qu'il en penſoit : Dieu les conſerve autant que Mathuſalem, me dit-il : il n'y a que peu d'années qu'ils habitent dans cette terre, & ils nous ont déja tous tirés de la misere : en même temps il me présenta sa bouteille pour boire aussi la santé de ce brave Seigneur, & tous les Moissonneurs se mirent à me conter différents traits de sa générosité; mais je m'éveillai, regrettant amérement que mon songe n'eût pas continué, & que ce ne fût qu'un songe.

XXIXe. SONGE.

Un de mes anciens amis ayant appris le lieu de ma demeure, m'avoit apporté des boudins; j'en mangeai trop, & c'eſt la ſeule faute contre la tempérance que j'aie commiſe dans ma retraite. Je m'endormis avec une indigeſtion qui m'occaſionna des rêves analogues à la peſante nourriture qui m'incommodoit. Je prie les Phyſiciens de ne pas révoquer en doute cette analogie.

Je fus tranſporté, je ne ſais comment, dans une Iſle affreuſe, appellée l'*Iſle du Sang*. Aucune expreſſion ne peut rendre l'horreur que ce pays m'inſpira. Il étoit gouverné par un Chef qu'on nommoit Sanſudourph, qui en étoit Souverain absolu : il avoit sous lui d'autres Chefs, répandus de villages en villages ; & ces Chefs, appellés Sansuminadourphs, avoient une grande autorité, chacun dans leur canton. Tous ces grands personnages se nourrissoient de sang humain ; mais il n'y avoit que le Sansudourph qui eût le droit de le boire pur : les Sansuminadourphs y mêloient du sang de bouc.

Tous les habitants, hommes, femmes & enfants, étoient obligés, à chaque pleine lune, de tirer de leurs veines le sang nécessaire à la nourriture des Chefs de la nation : la taxe étoit en proportion de l'âge ; & depuis quarante ans jusqu'à la mort, elle diminuoit.

Outre ce tribut, il en étoit

un autre. Le Sanſudourph & les autres Chefs raſſembloient leurs ſujets pour les occuper à différents travaux : on les animoit à coups de verge de fer, juſqu'à ce qu'ils tomboient baignés de ſueur : cette ſueur appartenoit aux Maîtres , qui nommoient des Officiers pour la ramaſſer avec des éponges ; & ces Officiers avoient droit ſur les trois-quarts. Cette liqueur étoit particuliérement à l'uſage des femmes de ce pays : elles la faiſoient diſtiller , & s'en ſervoient dans la compoſition d'une eſpece de pommade propre à rougir le coude & le talon. Elles en faiſoient auſſi une boiſſon pour animer la couleur de leur chair.

Les femmes du premier Chef portoient aux oreilles deux cœurs de petits enfants garnis de pierreries ; & c'étoit un troisieme tribut que les habitants devoient à leur Maître, au bout d'un certain nombre de lunes.

Par malheur pour moi ce fut le jour même que mon imagination dérangée me porta dans cette Isle exécrable, que le Sansudourph exigea la rente du cœur.

Je le vis sortir de son palais, se léchant les levres dégoûtantes de sang, dont il venoit d'avaler un grand vase. Ces Officiers en étoient ivres. Il s'assit, & on lui amena sur l'heure l'enfant dont on devoit lui donner le cœur. C'étoit une petite fille de six ans. Jamais je n'ai rien vu de si beau : ses cheveux me ravissoient : la peau de son visage ressembloit à un satin blanc peint en couleur de rose : elle sourioit en regardant ſa mere qui la tenoit par la main, & ce ſourire me fit verſer un torrent de larmes. On demanda au Sanſudourph s'il vouloit en même-temps exiger le tribut du ſang & le tribut du cœur : il répondit qu'oui ; mais que, par un effet de ſa bienveillance ordinaire, il ne vouloit que la moitié de la taxe du ſang. Alors on ouvrit la veine du bras droit de l'enfant, & le Sanſudourph jettant le vaſe dans lequel il reçoit ordinairement le ſang, prit une eſpece de ſyphon, l'inſéra dans la veine ouverte, & but ainſi ; de ſorte que l'on ne put ſavoir au juſte ce qu'il en avoit tiré. Je ne ceſſois de pleurer, & cependant je ne pouvois détourner mes yeux de ce ſpectacle. L'enfant s'évanouit : on la frotta de ſon propre ſang pour la faire revenir ; & ſon beau viſage devint horrible, comme ſi l'on trempoit un bouton de roſe dans la boue. Quand elle eut repris connoiſſance, & qu'on eut mis l'appareil ſur la plaie de la ſaignée, le bourreau s'approcha : c'eſt ainſi que j'appelle celui qui étoit chargé d'arracher le cœur. Lorſque je vis qu'il ſortoit ſes outils, je m'arrachai les cheveux ; j'aurois voulu lui arracher les bras. Malheureux boudins, quelle cruelle nuit vous m'avez fait paſſer ! La petite fille étoit entre les bras de ſa mere qui l'arroſoit de larmes, & ſon pere lui tenoit la tête. Tout cela faiſoit partie de la redevance. Le premier coup qu'on lui donna lui fit jeter un de ces cris qui font tant d'effet ſur les meres.

J'eus le bonheur dans ce moment

ment de perdre la vue & l'ouie; c'eſt pourquoi je ne ſais pas comment. finit l'opération. Je repris mes ſens quand tout fut fait, & je vis les malheureux parents qui remportoient en chancelant leur fille, morte ſans doute; mais qui devoit revivre, parce que le bourreau, ſous peine de perdre ſa charge, étoit obligé de conſerver ou de rendre la vie aux enfants qui paſſoient par ſes mains.

Les noires idées que les vapeurs du boudin faiſoient naître dans mon cerveau, ne finirent pas à ce ſpectacle. J'entrai dans une cabane habitée par une famille nombreuſe. La mauvaiſe odeur qu'elle exhaloit me fit ſoulever le cœur : je comptai vingt perſonnes, hommes, femmes ou enfants: ils reſſembloient tous à des cadavres; ils ne marchoient qu'en chancelant, & n'avoient presque plus de voix. Un vieillard étoit couché sur la terre, prêt à rendre le dernier soupir. C'étoit le pere de la famille. Il voyoit autour de lui ses petits enfants de la quatrieme génération, il vouloit les embrasser avant que de mourir; mais il manquoit de force: il prioit son fils aîné de lui soulever les bras, & de les porter au cou des enfants. Dans le moment qu'il en tenoit deux collés sur sa poitrine gonflée, je vis entrer trois Officiers d'un Sansuminadourph. Ils avoient un front d'airain, l'air farouche & barbare. Ils annoncerent au malheureux vieillard qu'ils venoient retirer les arrérages qu'il devoit à leur Maître. La somme en étoit exhorbitante, parce que cet homme n'avoit rien payé depuis dix ans, ni pour lui ni pour sa famille, à cause de plusieurs maladies qui les avoient tous épuisés, & le Sansuminadourph lui avoit fait crédit. Le moribond ne pouvoit répondre. Il fit signe qu'on lui découvrît les bras pour lès montrer aux Officiers. Alors toute sa famille se jeta à leurs pieds : une fille cadette prit la parole, les conjurant d'épargner une vie qui ne devoit plus durer que quelques heures. Le sang que vous tirerez de mon pere, leur disoit-elle, ne vaudra pas la peine que vous prendrez pour lui ouvrir les veines ; il n'en sortira que quelques gouttes, & encore elles seront sans goût. Laissez-nous la consolation de le voir expirer sans violence. Si vous l'égorgez, plusieurs d'entre nous, déja desséchés par la tristesse, mourront de douleur ; & ceux qui ſurvivront ſeront hors d'état de vous rien donner de long-temps. Mais les Officiers impatients lui impoſerent ſilence : donnez - nous vos enfants, lui dirent-ils, nous commencerons par eux ; il eſt temps que notre Maître ſoit payé, il ne vous a que trop attendu. Auſſi-tôt ils ouvrirent les veines des enfants & de la mere, & les laiſſerent ſans mouvement. Ils s'approcherent du vieillard ; mais il avoit rendu l'eſprit au moment qu'il avoit vu couler le ſang de ſa famille. Ils continuerent leur exécution ſur tous les autres, & ne laiſſerent qu'un jeune homme de dix-huit ans. Je reſtai ſeul avec lui : je le conſolai de mon mieux ; & j'oſai, malgré ſa douleur, lui demander des éclairciſſements ſur le crédit ou le prêt du ſang, & il eut le courage de me ſatiſfaire.

Notre Sanſuminadourph, me dit il, eſt un homme délicat; il ne veut que du bon ſang: quand il ſe trouve dans ſon canton quelques familles affoiblies par les maladies ou la miſere, il demeure pluſieurs années ſans exiger d'elles aucun tribut. Mais il a des eſclaves qu'il entretient exprès, & dont il tire le ſang que les familles épuiſées n'ont pu lui payer. C'eſt ce ſang qu'on appelle le ſang prêté. Il faut le rendre quand on eſt en état, & la taxe double autant de fois qu'on eſt reſté de lunes ſans payer. Quand un Chef de famille eſt ſur le point de mourir ſans avoir ſatisfait aux arrérages, on accourt pour lui tirer tout le ſang qu'il peut avoir, & celui de ses enfants; mais on laisse dans chaque cabane une personne ou deux pour perpétuer la race & la rente du sang. Quelle horreur! m'écriai-je, quelle injustice! Non, me répondit-il, cela n'est injuste que dans certains cantons de l'Isle, & non pas dans celui-ci. Nos Prêtres ont fait des loix pour que l'intérêt du sang prêté fût légitime; sans quoi notre Sansuminadourph ne l'accepteroit pas, parce qu'il est religieux & qu'il a la conscience délicate. Nous nous trouvons même heureux qu'il veuille nous laisser plusieurs années sans nous rien demander. La mesure du sang que nous lui devons à chaque pleine lune lui appartient; c'est son bien: quand il ne l'exige pas, ce sang tourne à notre profit dans nos veines;

ainſi il eſt juſte de lui rendre ce qu'il nous a prêté, & l'avantage que nous en avons tiré. Plus on eſt foible, plus cet avantage eſt conſidérable; parce qu'en laiſſant à un moribond les ſeules gouttes de ſang qui le tiennent encore envie, c'eſt lui laiſſer la vie toute entiere: c'eſt pourquoi il doit au Sanſuminadourph ſa vie, & quelque choſe de plus. Et voilà auſſi, lui dis-je, pourquoi vous venez de voir expirer toute votre famille.

XXXIe. SONGE.

Dans ce ſonge j'étois devenu Caſuiſte relâché, & je n'ai pu comprendre à mon réveil quelle en avoit été la cauſe.

Je mettois à la tête de toutes mes déciſions ces mots de l'Evangile : *mon joug eſt doux & mon fardeau leger.* De ce principe je tirois les conſéquences les plus conſolantes. Je diſpenſois tous les hommes de ce qu'ils trouvoient de trop gênant dans la loi de Dieu ; & pour aller au devant de leurs ſcrupules, je prêchois par-tout qu'il ne falloit pas lire l'Evangile, que ce livre étoit capable d'inquiéter tout le monde, que la morale qu'il contenoit étoit vieille &

ne pouvoit s'accorder avec les usages présents. J'étois universellement applaudi. Je ne trouvois que quelques femmes dévotes qui paroissoient un peu surprises de ma morale, je les excusois en considérant qu'elles n'avoient pas étudié en philosophie. Mais ce qui mit le comble à ma réputation, fut un ouvrage que je fis sur le prêt & la matiere de l'usure. Pendant que j'y travaillois, je reçus une lettre d'un Prince fort éloigné du pays que j'habitois, par laquelle il me consultoit sur cette matiere. Comme j'étois dans la chaleur de la composition, je pense que je laissai glisser bien des incorrections dans la réponse que je lui fis : en voici à peu près le sens.

„ Pour répondre cathégori-
„ quement, Monseigneur, à la

„ lettre dont vous m'avez hono-
„ ré, & pour décider la queſtion
„ d'une maniere préciſe, il eſt
„ néceſſaire que je remette ſous
„ vos yeux un abrégé de l'ex-
„ poſé que vous me faites.

„ Le pays dont vous êtes le
„ maître eſt peuplé de ſujets fort
„ pauvres qui vous doivent de
„ groſſes rentes ; ces rentes font
„ une partie conſidérable de
„ votre bien. Votre charité vous
„ engage à ne pas les exiger
„ lorſque la miſere met vos dé-
„ biteurs hors d'état de vous
„ payer, & alors vous leur faites
„ crédit. Il y en a même à qui
„ vous prêtez des ſommes conſi-
„ dérables pour leur aider à ſou-
„ tenir une famille nombreuſe,
„ qui, ſans ce ſecours ſuccombe-
„ roient à l'indigence. Lorſque
„ vos ſujets deviennent moins
„ miſérables par la proſpérité de

„ la récolte, vous exigez les ren-
„ tes courantes, les arrérages des
„ autres & quelque chose de plus
„ pour avoir partagé avec eux
„ le malheur des temps. Vous
„ ajoutez que cependant la diset-
„ te ne vous a jamais fait avoir
„ faim, & vous a seulement privé
„ de certains plaisirs. Là-dessus
„ vous faites une réflexion fort
„ juste, en disant que votre bien-
„ être est un grand avantage
„ pour les pauvres, parce qu'il
„ vous met en état de les conso-
„ ler dans leurs maux, ce que
„ vous ne pourriez faire si vous
„ étiez incommodé de la misere
„ générale. Enfin vous ajoutez
„ qu'après plusieurs années de
„ stérilité, vos débiteurs ayant
„ perdu toute espérance de pou-
„ voir jamais vous rembourser
„ en entier, viennent vous prier
„ d'accepter leur bien, & de

„ donner à leurs enfants des Paſ-
„ ſe-ports pour aller mendier
„ ſans riſque hors de vos terres.

„ D'après cette conſultation
„ lue très-attentivement, le
„ Conſeil ſouſſigné eſt d'avis :
„ que la charité de la perſonne
„ qui conſulte eſt une charité
„ héroïque, puiſqu'il paroît par
„ le narré ci-deſſus qu'elle con-
„ ſerve la vie à grand nombre
„ de pauvres preſqu'écraſés par
„ les dettes & la miſere des
„ temps. On ne comprend pas
„ comment une pareille con-
„ duite pourroit donner du ſcru-
„ pule, à moins qu'on ne crai-
„ gnît d'en tirer vanité, ce qu'il
„ faut éviter avec ſoin. Quant
„ à ce qu'on exige de plus que
„ les ſommes dues, il paroît
„ qu'on favoriſe un peu trop les
„ débiteurs, ce qui eſt une petite
„ injuſtice : car on voit par la

„ consultation que ces débiteurs
„ tirent un profit inestimable
„ des arrérages & des intérêts
„ qu'ils ne peuvent payer ; puis-
„ que c'est-cela qui les empê-
„ che de mourir de faim. A l'é-
„ gard des fonds, maisons &
„ autres que les insolvables aban-
„ donnent à leur Créancier, ou
„ que celui-ci leur enleve, quoi-
„ qu'on ne le dise pas dans la
„ lettre, il n'y a rien en cela
„ que de juste & de raisonna-
„ ble, seulement il faut obser-
„ ver que si les biens abandon-
„ nés ou pris n'ont pas autant
„ de valeur que la dette, le
„ Passe-port qu'on donne aux
„ enfants des obérés doit faire
„ mention de cet inconvénient,
„ & porter injonction aux men-
„ diants d'épargner sur les aumô-
„ nes qu'ils recevront la plus-
„ value de la dette.

Telle fut à peu près ma réponſe, & j'achevai mon livre ſur l'uſure; mais lorſque je commençois à goûter le plaiſir des applaudiſſements qu'il m'attiroit; je fus réveillé par le cauchemar. Peut-être ne m'éveillai-je pas entiérement, car ce qui m'arriva me paroît un autre ſonge. Voici comment la choſe ſe paſſa.

J'étois couché ſur le dos. Je me ſentois l'eſtomac preſſé & preſque écraſé d'un poids énorme. Je ne pouvois ni parler, ni reſpirer, ni faire le moindre mouvement. Je ne doutai point que ce ne fût une vieille ſorciere dont j'avois oui parler à ma nourrice dans mon enfance. Elle m'avoit aſſuré qu'elle l'avoit ſentie mille fois, qu'elle l'avoit vue monter ſur ſon lit, qu'elle lui avoit parlé & l'avoit conjurée ſouvent par la vertu d'une certaine racine. Il eſt des impreſſions que la raiſon n'efface pas. Je crus donc que la ſorciere m'avoit chargé d'une montagne. Dans ma frayeur, je levai les yeux au Ciel. Alors je vis ma cellule éclatante de lumiere, & tout de ſuite une voix forte me cria : *Malheureux ! pourquoi vouloir auſſi nous faire égorger ? Je viens exiger de toi que tu rétractes ta déciſion ou t'étouffer dans mes bras.* Je ne ſentois plus de poids ſur l'eſtomac, c'eſt pourquoi pouvant répondre, je dis en tremblant : qui êtes-vous ? Et qu'elle déciſion faut-il rétracter ? *Je ſuis*, dit la voix de ce vieillard, *celui que tu as vu mourir dans l'iſle du ſang. J'expirai en te béniſſant, voyant l'intérêt que tu prenois à nos malheurs ; je n'ai ceſſé, depuis ma mort, de te recommander au Souverain de l'autre monde qui t'aime, & qui me permet de venir te menacer & te punir de ſa part. Il m'a montré une réponſe barbare que tu as faite à notre Sanſuminadourph qui avoit commencé à ſentir quelques remords de ſa tyrannie. Ta déciſion l'a confirmé dans ſa cruauté : les habitants de l'iſle du ſang vont être plus malheureux que jamais, & t'accabler de malédiction.* Quoi ! m'écriai-je en pleurant, j'aurois été capable d'autoriſer la barbarie d'un Sanſuminadourph ! j'aurois pu contribuer au malheur de ces pauvres habitants que je portois dans mon cœur ! non, ce n'eſt pas moi. *C'eſt toi*, reprit la voix, & à l'inſtant, je vis comme un doigt de lumiere qui, parcourant des lignes que je reconnus être de mon écriture, m'obligea à confesser ma faute. Je me retournai contre la muraille, j'en arrachai un clou avec lequel je me fis plusieurs incisions & j'écrivis de mon sang au bas de la réponse ces mots : *je rétracte, j'abjure, je déteste, j'abhorre la présente décision, je l'ai portée sans le vouloir & dans un moment de démence. Je déclare barbare quiconque l'approuvera & la suivra.* A peine eus-je fini le dernier mot que la lumiere disparut.

XXXIIe. SONGE.

DANS une maladie que je crus avoir en dormant, j'allai consulter un Médecin, qui, par une bisarrerie étrange, se trouva être l'inventeur des incomparables dragées que j'avois moi-même inventées dans un autre songe, comme on l'a vu. Il m'en parla d'abord comme du remede le plus puissant qu'on eût encore imaginé depuis l'origine de la Médecine. Mais toutes ses paroles étoient coupées par des soupirs profonds qui me perçoient le cœur. Je lui demandai la cause de ce ton de douleur qu'il prenoit en parlant d'une découverte si flatteuse pour lui. Il demeura quelque temps ſans me répondre ; enſuite pouſſant un cri : oui, me dit-il, l'invention des dragées divines auroit dû me faire élever des ſtatues dans tout l'univers ; cependant le croirez-vous ? Je viens d'être pendu publiquement à cauſe d'elles. Je le priai de m'expliquer ce myſtere, & il continua ainſi : les premiers ſuccès de mon remede furent des plus flatteurs ; ſur mille perſonnes qui s'en ſervirent, il n'en mourut pas huit cents ; encore ayant ouvert pluſieurs cadavres, je vis évidemment qu'ils étoient morts de poiſon. Ma réputation s'étendit par toute la France où j'étois regardé comme le reſtaurateur de l'humanité. Je recevois des lettres de louanges de toute part, & ſouvent des billets de Change très-conſidérables ; en peu de temps, je devins exceſſivement riche, & vous ſavez que rien n'excite tant la jalouſie que les richeſſes. Je ne tardai pas d'en faire l'épreuve. Certains Charlatans, dont mes dragées avoient fait tomber le crédit, inonderent le Public des libelles diffamatoires contre moi & contre mon remede. Le vulgaire, toujours inconſéquent dans ſes démarches, prêta l'oreille à la calomnie, & oubliant qu'il me devoit la ſanté, ſe déchaîna contre moi. Tout m'abandonna : la fermentation des eſprits avoit commencé vers le Nord de la France, & le feu ſe répandant du côté des Provinces méridionales, n'en devint que plus violent & plus difficile à éteindre. En vain aurois-je voulu m'oppoſer à l'incendie. Je me retirai avec deux amis dans la petite ville où vous me voyez, pour y attendre la fin des malheurs qui me menaçoient. On fit contre moi des informations rigoureuſes ; on ſuborna des témoins, qui dépoſerent que mes dragées avoient dépeuplé je ne ſais combien de villages. Pluſieurs Prêtres & Moines voulurent ſoutenir ma cauſe ; mais ils ne furent pas écoutés, on les regarda comme les gens intéreſſés qui s'enrichiſſoient par les ſépultures des morts. Je fus pendu en effigie en plus de vingts endroits différents. J'en étois ſenſiblement affligé, parce que je conſidérois que les malades alloient être ſans reſſource & livrés, comme auparavant, à l'ignorance des Médecins ordinaires. Mes deux amis me conſoloient, en me faiſant eſpérer que l'orage déchaîné contre moi s'appaiſeroit, & qu'on m'éleveroit autant qu'on m'avoit abaissé. Ils me faisoient souvenir de tant de grands hommes, qui, après avoir été la victime du fanatisme, étoient devenus l'admiration de la postérité. Leurs discours ne pouvoient dissiper toute ma tristesse : je craignois d'être enfin pendu réellement. Hélas ! le chagrin fait en nous des révolutions bien humiliantes. A force de m'appésantir sur la triste idée de l'ingratitude des hommes, je devins ingrat à mon tour. Un homme bienfaisant, touché de mes malheurs, m'avoit donné l'hospitalité, & pourvoyoit à mes besoins en m'épargnant la honte de les lui exposer. Dans mes sombres rêveries, je me figurai que cet homme tiroit vanité de ses bienfaits, & qu'il me regardoit comme un mendiant. Cette idée révolta mon orgueil. Je devins ſon délateur. Dès qu'il s'en apperçut, il me fit des reproches fort doux, attribuant ma faute à l'excès de mon amertume. Mais je pris encore cette conduite en mauvaiſe part, & ne pouvant plus le voir, je quittai ſa maiſon. A peine l'avois-je perdu de vue, que je fus arrêté & mis aux fers. Je n'avois aucune protection, & j'étois accuſé par un grand nombre de perſonnes, ainſi dès le lendemain, je fus condamné à être pendu & diſſéqué par la faculté de Chirurgie. Je demandai qu'il me fût permis d'avaler quelques-unes de mes dragées, & l'ayant obtenu j'en pris trois dont je mourus avant d'arriver à la potence ; ce qui n'empêcha pas cependant qu'on ne me pendît. Vous êtes donc mort ; lui dis-je, oui, ſans doute, me répondit-il.

XXXIIIe. SONGE.

Je croyois être assis sous un chêne touffus, un beau jour de printemps. Je voyois devant moi un canal d'une eau pure & tranquille, & dans ce canal une isle couverte de Tilleuls fleuris. Dans le milieu de l'isle étoit un pavillon fermé en partie, par des rideaux de pourpre qui s'attachoient avec des cordons & des houppes d'or. J'y apperçus un Prince endormi sur un lit de repos. Autour de lui régnoit le silence, & tout paroissoit respecter son sommeil. Une nymphe d'un air folâtre faisoit balancer le lit avec le pied, comme font les nourrices pour endormir les enfants. Elle penchoit un un peu la tête, & je voyois ſortir par une de ſes oreilles des ſouris dont apparemment ſon cerveau étoit rempli. Dès qu'elles étoient arrivées à terre, elles prenoient, l'une un chapeau de Cardinal, l'autre un bâton de commandement, d'autres des cordons, des plaques & différents ſignes de dignité. Elles devenoient enſuite des hommes fiers & dédaigneux. Bientôt l'iſle fut pleine de ces ſouris transformées, qui venoient toutes fléchir le genouil devant la nymphe qui les avoit créées.

Je voyois cependant ſur les bords du canal un peuple nombreux, qui d'un air affligé tendoit les mains vers l'iſle où l'on ne faiſoit aucune attention à leurs geſtes. Pluſieurs vouloient paſſer dans des exquifs pour expoſer leurs plaintes qui, ſans doute, auroient été écoutées du Prince ; mais les nouveaux habitants de l'isle agitoient tellement l'onde par leur souffle, qu'il paroissoit impossible d'y aborder ; cependant plusieurs vieillards vénérables se jeterent, au péril de se noyer, dans une barque, & tenterent le passage. Alors les nouveaux transformés se jeterent ventre à terre sur la côte, & se mirent à souffler derechef de toutes leurs forces. Une tempête affreuse s'éleva sur le canal, la barque étoit à tout instant sur le point de périr ; souvent les vagues la déroboient entiérement à mes yeux. Je la voyois tantôt s'enfoncer dans un abyme, tantôt jetée aux nues par les flots. Mais ceux qui la conduisoient firent tant par leur sage manœuvre, qu'ils arriverent à bord & débarquerent.

Tous ceux qui s'étoient opposés si vivement à leur passage, furent obligés de les laisser approcher du pavillon, parce qu'ils craignoient la justice du Prince. Alors le plus grave de la troupe s'avança d'un air respectueux, & après avoir fait trois profondes inclinations, sortit de dessous sa simarre un long papier & se mit à le lire. Le Prince se frotta les yeux, se leva sur le coude, bâilla trois fois, & se rendormit malgré lui au son de plusieurs instruments dont jouerent les courtisans. Le vieillard voyant qu'on ne l'écoutoit pas, fit un rouleau de sa requête, y mit le feu, & en souffla respectueusement la fumée contre le nez du Prince.

XXXIVe. SONGE.

Je voyageois en ſonge dans les environs de mon Hermitage. J'avois pris un bâton à la main, du pain dans ma beſace, & une aſſez grande gourde pendue à ma ceinture. Je m'arrêtai au premier hameau, & j'entrai dans une maiſon couverte de chaume, où je trouvai quatorze ou quinze petits enfants vêtus de haillons; mais d'une gaieté charmante. Le plus âgé n'avoit pas dix ans. Je m'adreſſai à celui-là, & lui fis pluſieurs queſtions auxquelles il me répondit très-bien. Je le fis boire à ma calebaſſe, & m'amuſai à la faire ſucer aux plus petits. Une mere arriva ſur ces entrefaites; car, il y en avoit deux dans cette famille. Elle étoit jeune & belle, quoique brûlée du ſoleil. La candeur, l'innocence & la tendreſſe étoient peintes ſur ſon viſage. Tous les enfants ſe jeterent ſur elle, & ſaiſirent avec avidité quelques fruits qu'elle venoit de cueillir pour leur nourriture. Quand ils les eurent finis, je ſortis du pain de ma beſace & le leur donnai. Alors j'entrai en converſation avec cette femme; je la plaignis de ſa pauvreté, & lui demandai comment une ſi nombreuſe famille pouvoit ſubſiſter; car je ne voyois par-tout que de triſtes marques d'indigence. Elle me répondit que la Providence étoit grande, & que malgré ſa miſere elle ne trouvoit point ſa famille trop nombreuſe. Dieu nous a donné juſqu'ici une bonne ſanté, me dit-elle; à force de travailler nous vivons petitement à la vérité, mais en paix, & quelquefois en joie. Car lorſque nous ſommes tous raſſemblés & que chacun a du pain, nous goûtons un plaiſir qu'on ne s'imagineroit pas. Il eſt vrai, ajoûta-t-elle, que les impôts, les rentes Seigneuriales, & la dîme nous chagrinent beaucoup. Quand nous avons bien ſué toute l'année, & qu'à la fin nous voyons enlever la plus grande partie de nos moiſſons, le cœur nous ſaigne alors, & nous paſſons pluſieurs jours dans la triſteſſe. En finiſſant ces mots elle ſortit, & alla cueillir des légumes dans un petit jardin pour apprêter le dîner & j'allai m'aſſeoir ſur l'herbe à l'ombre d'un arbre. Là penſant à la modération de cette famille, je me ſentois le cœur ſerré de n'être pas en état de faire du bien aux gens de la campagne. On peut les rendre heureux à peu de frais, me disois-je ; eh ! quel plaisir pour moi, si je pouvois aller de chaumiere en chaumiere, répandre la joie dans chaque famille ! Quel usage délicieux je ferois de mes richesses si j'en avois ! Après m'être long-temps occupé de pareilles pensées, la paysanne vint me dire qu'on m'attendoit pour dîner. Un grand plat de légume, de l'eau & du pain noir composoient ce repas. Il eut pour moi plus d'attraits que le festin le plus somptueux. La bonne humeur & le bon appétit des enfants, l'union & la tendresse réciproque des meres & de leurs maris, me causoient un plaisir inexprimable, lorsque tout à coup je vis la tristesse répandue sur tous les visages de ces bonnes gens. Un morne silence ſuccéda aux propos joyeux. Je pâlis avec les autres ſans en ſavoir la cauſe. N'entendez-vous pas du bruit, me dit une des femmes ? ce ſont les mulets du Seigneur que les domeſtiques amenent ici pour prendre le bled que nous lui devons & qu'il eſt juſte de payer ; mais hélas ! que ferons-nous ? la grêle a ravagé nos champs. Comme elle parloit encore, les gens du Seigneur, & des Soldats envoyés par l'exacteur de la Taille entrerent tous à la fois. On les invita à s'aſſeoir, & un des maris courut acheter du vin pour eux ; & moi baiſſant la tête d'un air rêveur, j'écoutois triſtement les inſolents diſcours des Valets & des Soldats ; & penſant qu'ils venoient affliger ces honnêtes gens qui me donnoient l'hoſpitalité, ma bile s'émut, le feu me monta à la tête, je me levai brusquement & frappant la terre de mon bâton : Malheureux ! leur dis-je, n'avez-vous point de honte de venir enlever la nourriture de cette pauvre famille qui va mourir de faim ? A ces mots on me saisit. Les valets du Seigneur vouloient me lier & m'emmener à la prison du château ; mais les Soldats m'arracherent de leurs mains, disant : que je devois être puni de la part du Roi. Je crus donc qu'on me menoit en prison ; mais au lieu d'y entrer, je me vis au pied du trône. Je ne me déconcertai point, parce que je me sentois animé de zele pour la cause des pauvres ; je fixai le Monarque, & voyant qu'il ne me disoit rien, je lui adressai moi-même la parole. Je lui fis un long discours pour me justifier, & pour lui prouver que ma faute devoit lui plaire. Ah ! Sire, lui disois-je avec émotion, votre cœur frémiroit aussi-bien que le mien, si votre Majesté voyoit les besoins des gens de la campagne, & la maniere barbare dont on les traite de votre part. A cette exclamation, le Roi s'attendrit & donna ordre qu'on diminuât les impôts ; je me réveillai dans cette douce espérance.

XXXVe. SONGE.

DEPUIS trois jours une fievre violente m'avoit empêché d'écrire mes songes. Mais le délire qu'elle m'a causé m'en a fait avoir de sombres & d'extravagants, dont voici une partie.

Dans mon premier accès, je

crus qu'un ſpectre vêtu de blanc me prenoit par la main. Ayant fait de vains efforts pour me dégager, je le ſuivis dans un aqueduc ſouterrein, où l'humidité & le manque d'air penſerent m'étouffer. Après avoir long-temps erré dans cette ſombre route, j'arrivai dans un endroit très-vaſte; mais preſque auſſi ténébreux & plus lugubre. Des voûtes d'une élévation prodigieuſe le fermoient par le haut : on ne pouvoit en appercevoir le fond. Cet immenſe édifice n'avoit pour toute lumiere que trois lampes ſuſpendues fort haut. Les murs de pierres brutes étoient tapiſſés de triſtes branches de cyprès & de ſtalactiques qui y produiſoient l'humidité. Des chauves-ſouris & mille oiſeaux funeſtes voltigeoient dans les voûtes. Tout y inſpiroit la terreur. En baiſſant les yeux, je ne voyois que des ſépulchres, des oſſements, des niches remplies d'urnes cinéraires, des mauſolées tellement défigurés par la mouſſe & la terre, qu'on pouvoit à peine en reconnoître la forme. Cependant mon guide diſparut, après m'avoir conduit juſqu'au milieu de l'édifice. Me voyant ſeul dans ce vaſte ſilence, l'épouvante s'empara plus que jamais de mon cœur ; une ſueur froide coula ſur tous mes membres. Je pouſſai un cri perçant qui réveilla tous les morts. Auſſi-tôt j'entendis le craquement des os qui ſe raſſembloient avec précipitation. Une foule de ſpectres ſe dreſſa & s'avança vers moi. Je tombai évanoui ſur un tombeau ; mais ayant repris l'uſage de mes ſens, je me vis entouré de plusieurs ombres légeres, d'une figure pâle & desléchée. Une d'entr'elles m'adressa la parole d'une voix extrêmement foible & basse, quoiqu'elle fît des efforts pour crier. Que viens-tu faire parmi nous, me dit-elle ? Qui t'à conduit dans ce séjour de la mort ? Mon malheureux sort, lui répondis-je ; car je suis encore en vie. Un phantôme importun m'a traîné jusqu'ici, je ne sais pourquoi. Je lui dis ensuite qui j'étois, je lui parlai de mon hermitage & de la vie que j'y menois. Tu es plus sage que nous, me répondit cette ombre, tu retourneras chez les vivants, puisque tu sais jouir de la vie.

Je commençai à me familiariser avec les ombres. Je demandai son nom à celle qui me parloit. Je suis, dit-elle, un de ces hommes qui ont eu le plus d'ambition sur la terre, & par conséquent le plus de folie. Tu vois les restes de Charles XII, Roi de Suede. C'est moi qui dépeuplai mes états pour ravager ceux des autres. Voilà à quoi ont abouti ces travaux qui ont fait l'admiration de mon siecle Si je pouvois retourner sur la terre, & qu'il m'y fût libre de pouvoir m'y choisir un état, je ne préférerois pas celui de Roi, encore moins celui de Conquérant. Vois tu cette ombre qui est à mes côtés, c'est son sort que j'envierois. C'étoit un honnête Jardinier qui passa soixante ans d'une vie paisible à tailler des arbres, cultiver des légumes & savourer tous les plaisirs qu'offre abondamment la vie de la campagne. Il a su jouir de ſon être, tandis que me laiſſant éblouir par le faux éclat d'une gloire chimérique, j'ai paſſé mes jours dans une agitation ſtérile & des peines cruelles, toujours rongé de deſirs & d'inquiétudes. A préſent que je ne ſuis plus la proie de l'ambition, je ris des extravagances qu'elle fait faire aux hommes. J'admire cependant la providence qui a permis que cette maladie s'emparât du cœur humain. L'ordre de la ſociété ne ſubſiſteroit plus ſi les conditions étoient égales. Il faut qu'il y ait des hommes plus puiſſants les uns que les autres. Où trouveroit on des ames aſſez généreuſes pour ſe charger volontairement des ſoins, des peines & de l'agitation qu'exige le gouvernement? L'ambition fait paſſer ſur tout cela. On ſe donne les mouvements les plus violents, on emploie les manœuvres les plus coûteuses, souvent même le crime & la perfidie, pour parvenir enfin à se charger de l'embarras de commander. Mais quoiqu'il en soit des effets de l'ambition, tout est abattu par la mort; tout aboutit au tombeau. Ces tas de cendres que tu vois, sont les restes de ces hommes qui remuoient l'univers & le remplissoient du bruit de leur nom & de leurs projets. Quand l'heure fatale a sonné, il a fallu tout quitter & descendre dans la tombe. Vois-tu cette ombre triste? c'est le superbe Charles-Quint, qui vouloit réunir l'univers sous son sceptre; voilà ce qu'est devenu sa puissance. Cette autre est Jules-César. Ce crâne couvert de mousse que tu as frappé avec ton pied est celui du fameux Alberoni, cet adroit Ministre, qui conduisoit l'Europe à son gré. Ces ossements sont les restes de la grande Elisabeth Reine d'Angleterre. Voilà la poussiere de Mahomet, l'ambitieux imposteur, qui donna des loix à l'Asie. Si je te nommois tous les morts qu'enferme ce lugubre séjour, tu verrois qu'ici rien ne distingue ceux que la terre a redouté, d'avec les hommes les plus inconnus.

Je m'éveillai dans cet endroit; & m'étant rendormi un moment après, je rêvai derechef aux tombeaux. Je croyois être chargé par un Prince de trouver des reliques pour une chapelle superbe qu'il faisoit bâtir. Je me fis indiquer un charnier qu'on assuroit être rempli de corps ſaints. J'y deſcendis ſeul; & après avoir fouillé quelque temps, j'en trouvai un qu'une inſcription nommoit Saint Aigrefin. Ce nom me plut, & d'ailleurs le ſquelette étoit bon & entier. Je le chargeai ſur mes épaules ; mais à peine eus-je fait quelques pas, qu'il m'appliqua de ſes mains ſeches un grand ſoufflet ſur chaque joue, & en même-temps un coup de genouil dans les reins. Je le jettai promptement par terre, penſant qu'un Saint ne pouvoit avoir tant de malice. M'étant mis à réfléchir ſur les douleurs que je reſſentois, il me vint dans l'eſprit que j'avois un moyen aſſuré de connoître les vraies reliques, en approchant de chaque corps les meurtriſſures que m'avoit fait le premier : mais en vain préſentai-je mon viſage

& mon dos à tous les morts, mes blessures me resterent ; d'où je conclus que je n'avois rien à espérer en cet endroit, & que je devois faire mes recherches ailleurs.

J'allai dans un autre souterrein voisin de celui-là ; je crus appercevoir un Religieux à genoux devant le sépulchre d'une Sainte : j'attendis qu'il eût fait sa priere ; & dès qu'il se fut retiré, j'enlevai la Relique. Mais comme je fuyois précipitamment, je tombai à quelques pas du sépulchre ; & tout à coup je me vis environné de sept ou huit phantômes de fort mauvaise mine, qui me demandoient d'un air menaçant chacun quelques membres. Le premier étoit un Juif qui, d'un ton insolent, me disoit de lui rendre son omoplate : un Garde-

Françoiſe réclamoit ſon crâne : un vieux Suiſſe d'égliſe, avec ſa hallebarde & ſa bandouliere, prétendoit que je lui avois pris une de ſes jambes. Enfin ils vouloient tous quelques débris de ma Relique : je la leur abandonnai ; & ces ſpectres ayant pris ce qui leur appartenoit, ils commencerent à danſer un ballet extravagant. J'étois dans une ſurpriſe extrême. Je rêvois triſtement ſur le peu de ſuccès de mes recherches, lorſqu'un des ſpectres s'approcha de moi, & me dit que je venois de viſiter les cimétieres des pendus : je compris alors pourquoi je n'y avois pas trouvé de véritables reliques ; & croyant que mon erreur étoit une punition du deſſein criminel que j'avois de les voler, je réſolus d'aller à Rome en obtenir par prieres ; mais dès que je crus être aux portes de la Ville, je m'éveillai.

XXXVIe. SONGE.

Je venois de lire attentivement les visions mystérieuses de Saint Jean, connues sous le nom d'Apocalypse ; & ces étonnantes révélations m'avoient vivement frappé : car ce qui ne fait que glisser sur des esprits offusqués par la multitude & le fracas des objets, séjourne & se grave profondément dans une ame paisible. Le sommeil appésantit mes yeux, lorsque je réfléchissois encore sur cette lecture, & je crus voir en songe la destruction du genre-humain. Il me sembloit que la bonne foi n'étoit plus comptée pour rien sur la terre, que les hommes n'y étoient occupés qu'à ſe tromper les uns les autres, & à ſe ſupplanter mutuellement; que l'impiété, la ſéduction, le manque de parole & les crimes les plus honteux, n'y étoient regardés que comme des jeux, & qu'il étoit du bon ton même d'en être noirci.

Il fut réſolu de châtier le genre-humain, & d'affliger la terre par des fléaux propres à la détruire. Je vis partir un carroſſe à ſix chevaux, tout couvert de lames d'or & de pierreries : celui qui étoit dedans ſe nommoit le Luxe : le pouvoir lui fut donné de ravager le monde & d'abſorber les deux tiers des hommes, pour charger le reſte d'un ſuperflu exceſſif. Ce char partit avec une rapidité étonnante, & marqua ſa route par l'indigence qu'il laiſſa après lui.

Une autre voiture encore plus brillante ſuivit de près : celui qui étoit dedans s'appelloit la Finance : ſa taille étoit courte ; mais monſtrueuſement groſſe & peſante : ſon air étoit ignoble, ſes ongles crochus & pleins d'encre. Il parloit en ronflant, & un hoquet bruyant marquoit que ſa digeſtion étoit laborieuſe : la rapine, l'orgueil, l'ignorance, le mauvais goût, entouroient le carroſſe. Les uns ſe tenoient aux cordons, d'autres étoient ſur le ſiege & l'impériale. Le pouvoir fut donné à la Finance d'affamer la moitié de l'Europe, & le char partit. Je vis une troupe de gueux qui, s'étant mis à trotter à ſa ſuite, furent tout à coup transformés en des hommes étouffés d'opulence, qui, après avoir tout deſſéché ſur leur paſſage, mouroient d'apoplexie, & étoient remplacés par d'autres gueux faméliques, qui prenoient ſubitement un ventre prodigieux, des jambes goutteuſes, le col apoplectique, & mouroient d'indigeſtion. Je les perdis de vue, & ce fléau fut remplacé par un autre encore plus triſte. Je vis partir une mule borgne, chargée de ſacs de canevas pleins de vieux papiers. Le perſonnage qui montoit la mule s'appelloit la Chicane. C'étoit une vieille femme, petite, ſeche & louche : ſes joues étoient creuſes, ſes yeux triſtes, mais ardents : elle faiſoit des efforts pour hâter ſa monture, & paroiſſoit inquiete. Sa ſuite étoit compoſée de grand nombre d'hommes maigres & efflanqués, de mines blêmes en perruques plattes & en manchons pelés.

On

On lui donna un pouvoir fort étendu ſur preſque tous les Etats policés, & elle partit au petit trot : ceux qui compoſoient ſon cortége ravageoient & épuiſoient tout ſur leur paſſage ; mais ce n'étoit pas en s'engraiſſant, comme ceux que j'avois vus dans le fléau précédent : au contraire, je voyois ceux-ci maigrir à meſure qu'ils répandoient la miſere, & ils finiſſoient par mourir de faim.

Pour quatrieme fléau, je vis paroître une eſpece de voiture brune, tirée par un mauvais cheval : celui qui étoit dedans étoit vêtu de noir, & avoit devant les yeux deux verres bleus qui lui faiſoient voir tous les objets de cette couleur ; il s'appelloit, la *Médecine à ſyſtême* : la mort étoit montée derriere ſon char. Ce dernier fléau tua une grande partie des hommes que les premiers avoient ruinés & affamés.

Ici je perdis le fil de mes visions : je songeai que tous les hommes avoient la cataracte, de sorte cependant que la pellicule qui leur couvroit les yeux ne les privoit pas totalement de la vue : ces pellicules étoient de différentes couleurs ; j'en voyois de jonquilles, de bleues, de grises, de noires, de vertes, &c. Presque tous les jeunes gens en avoient de couleur de rose, & les vieillards de brunes. Chaque homme jugeoit que les objets étoient de la couleur de sa cataracte, & ce mal se communiquoit. Je remarquai un homme qui voyoit tout cramoisi, & qui avoit une éloquence brillante & persuasive. Il changea en un moment les cataractes d'un millier de perſonnes, & les rendit de la couleur de la ſienne : de ſorte qu'elles jugeoient cramoiſies les choſes qui l'étoient le moins. Chacun d'eux plaignoit & tournoit en ridicule les autres qui ne voyoient pas comme eux. Un de la bande s'approcha de moi, & me demanda de quelle couleur je voyois les choſes : je remarquai que ſa cataracte étoit verte, & je lui répondis, pour lui plaire, que je voyois tout verd : à cette réponſe, il m'embraſſa avec tranſport, & me dit : enfin je trouve un homme qui voit les choſes comme elles ſont. Que notre eſpece eſt malheureuſe ! Tous ceux que vous voyez, ajouta-t-il, ſont aveugles ; il n'y a que nous deux qui ayions les yeux bons. Je compris que cet homme s'imaginoît être Philoſophe, parce qu'il ſe mit à me faire de longs raiſonnements ſur les différentes cataractes de ſes ſemblables : il les blâmoit & les plaignoit de ce qu'ils ne voyoient pas verd, comme lui, ce qui ne l'étoit pas : enfin, comme ſon diſcours philoſophique ne finiſſoit point, je crus m'endormir, & je ceſſai de rêver.

XXXVIe. SONGE.

Autrefois j'avois lu avec plaisir les ouvrages d'un nommé ***. j'aimois ses plaisanteries. Il avoit beaucoup d'admirateurs ; & les Auteurs commençants faisoient beaucoup de cas de son suffrage & de sa bienveillance. Pour moi, qui ne voulois pas devenir Auteur, je me contentois de lire ses productions, sans rechercher son amitié. Depuis que je suis dans ma solitude, je n'ai plus entendu parler de lui, & je crois qu'il est mort, ou qu'il ne tardera pas. Mais j'ai conservé une grande idée de son mérite & de son goût; de sorte que quand j'eus écrit les songes qu'on vient de lire, je regrettai beaucoup de ne m'être pas ménagé ſa connoiſſance, qui m'auroit été d'un grand ſecours. Car, diſois-je, ſi je donne cet ouvrage au public ſans que quelque homme de réputation l'ait vu, je ſerai ſifflé de toute part; au lieu que ſi Monſieur ***. eût été de mes amis, & qu'il eût voulu me donner ſon approbation, j'aurois été aſſuré d'un heureux ſuccès.

Je m'endormis dans ces penſées, & j'apperçus ce grand homme dans un ſonge. Je courus à lui bien joyeux de cette rencontre; mais lorſque je fus à portée de lui parler, je vis qu'il étoit immobile comme un tronc d'arbre, & couvert d'une foule de petits inſectes qui le ſuçoient avec acharnement Je leur donnai la chaſſe avec mon mouchoir; & ayant ôté plusieurs sangsues qui étoient attachées à son corps, je trouvai qu'il étoit diaphane, & qu'on pouvoit en contempler toutes les parties intérieures, qui étoient grossies par la surface transparente qui faisoit l'effet d'une loupe. Comme j'approchois l'œil pour examiner cette singularité, une troupe de toute sorte de gens en rabats & en perruques plates, que je jugeai à leur mine être de minces Auteurs, me repoussoient en me disant qu'ils avoient seuls le privilege de juger A**. Et comme ils persistoient à s'opposer à mes desirs, le Philosophe souffla sur eux & les anéantit : de sorte qu'il me fut libre de le contempler à loisir.

Son sang qui couloit à grand bruit dans ses veines étoit comme un torrent de feu, il dépoſoit dans le cœur une poudre rouge qui, après avoir fumé quelque temps, s'enflammoit & faiſoit une exploſion aſſez forte ſuivie d'une odeur très-agréable, mais qui cauſoit à ceux qui l'environnoient une eſpece de délire.

Le cœur, outre ſes ventricules ordinaires, avoit trois autres cavités, à chacune deſquelles étoient jointes une artere & une veine; & comme ces cavités étoient fort épaiſſes, cette partie du Philoſophe avoit peu de profondeur.

Au deſſous du foie & à la place qu'occupe dans les autres hommes la véſicule du fiel, étoit un vaiſſeau ſinguliérement dilaté.

A l'oppoſite du fiel, je vis un grand ſac ſpongieux de couleur brune, dans lequel une humeur âcre étoit apportée par une grosse artere, & rapportée par les veines & d'autres vaisseaux dans les sinus du cerveau.

Le cerveau, avoit comme le cœur plusieurs cavités ou ventricules. Je remarquai que dans une étoit une glande coupée en tous sens par une infinité de lignes très-déliées, & je reconnus que c'étoit la glande de la mémoire. Je ne sus presque rien voir dans les autres. Le ventricule du jugement contenoit une espece de glande qui étoit un peu affoiblie dans quelques endroits. Celui qui se dilate si fort quand un homme réfléchit pour connoître la vérité, étoit en partie fermé par une pellicule desséchée & très-dure, qui empêchoit souvent l'exercice de cet organe.

Cette structure me parut si

extraordinaire, que je voulus l'étudier avec une attention particuliere, en conséquence je l'examinai de plus près ; mais quel fut mon étonnement lorsque tout à coup j'entendis les paroles suivantes : " gémissez sur „ les foiblesses des hommes célebres, mais ne les critiquez pas „ amérement ; distinguez les pro„ ductions des différents âges, „ ne prononcez jamais d'après „ les mêmes principes sur les „ fruits des passions, & sur ceux „ de la raison. „ Dès que j'eus un peu réfléchi sur ce que je venois d'entendre, je cherchai le corps de l'homme célebre qui m'avoit occupé, je ne pus le reconnoître ; je ne vis à sa place qu'un magnifique phosphore, qui, en le consumant lui même, ne me laissa qu'une pierre d'un gris foncé,

& de forme triangulaire ; dès qu'elle fut un peu froide, je la pliai dans mon froc pour la garantir des impreſſions de l'air ; & m'étant mis à réfléchir ſur l'uſage que j'en pourrois faire, je me trouvai tout à coup dans un laboratoire de chymie. J'y vis un homme noir & ſuant, qui paroiſſoit rêver attentivement près d'un fourneau ſur lequel étoit une veſſie de cuivre rouge. Il avoit les cheveux hériſſés, la barbe longue & négligée ; un maſque de verre lui couvroit le viſage, & il étoit ceint d'un linge ſale. Dès qu'il m'apperçut, il quitta ſon maſque & courut à moi tout tranſporté de joie. Il m'embraſſa, en s'écriant : je ſuis le plus heureux des hommes ! Je viens de trouver le régime du ſuprême degré du feu chymique pour la distillation de l'huile noire de Colcotar. Je l'en félicitai, & le priai de m'expliquer l'usage de tous les ustensiles que je voyois. Il le fit avec un empressement qui me ravit; mais je crois devoir épargner au lecteur la description du laboratoire. Après qu'il m'eut tout montré & tout expliqué, je lui dis que j'avois ramassé une pierre dans l'endroit où j'avois vu disparoître un homme consumé comme un phosphore; que s'il croyoit qu'elle pût servir à son art, je la lui offrirois de bon cœur. Il demanda à la voir. Je la lui montrai. Il la plaça sur une pierre de porphyre; & ayant pris des lunettes, il l'examina long-temps avec une pierre de touche, changeant souvent de visage, & faisant des gestes qui exprimoient les divers mouvements qui naiſſoient dans ſon cœur. Enfin, me regardant fixement, il me dit, avec un air de ſurpriſe mêlé de joie & d'admiration : eſt-il bien vrai que c'eſt vous-même qui avez trouvé cette ſublime pierre ? Oui, lui dis-je, c'eſt moi-même ; & de plus, je l'ai vu faire par le feu qui a décompoſé un corps humain. Oh ! mon ami, s'écria-t-il, béniſſons le Ciel ; nous n'avons plus beſoin de rien : c'eſt la pierre philoſophale. Je ne ſerois pas éloigné de le croire, lui répondis-je, parce que l'homme qui en a fourni la matiere étoit un Philoſophe. Oui, mon ami, ajouta-t-il, je vous le jure, c'eſt ce grand œuvre qu'on a cherché ſi long-temps, & qui ne peut ſe trouver que par la décompoſition ſubite & inſtantanée d'un homme. Les Chymiſtes n'ont encore pu l'attraper ; mais nous l'avons, il faut en jouir. Auſſitôt il l'approcha de la croix de mon chapelet, qui étoit de cuivre, & qui fut tout à coup changée en or. Une expérience ſi heureuſe acheva de tranſporter le Chymiſte : dans ſon enthouſiaſme, il mit le feu à ſon laboratoire ; & je me ſauvai, ayant en main la pierre philoſophale.

J'allai m'établir dans une grande Ville ; où je me mis à faire de l'or. Je changeai en ce précieux métal toute la boutique d'un Chaudronnier ; & en peu de temps j'eus des ſommes prodigieuſes. Je vis alors tout le monde me faire la cour ; & quoique je n'eus ni talents ni agréments, on me trouvoit de l'eſprit, du goût, des charmes, & toutes les qualités imaginables. J'avois une belle maiſon, un équipage ſuperbe, des bijoux, & une infinité d'autres objets de luxe : tout cela me tenoit lieu de mérite. Je m'attirois encore l'eſtime du public par les livrées de mes domeſtiques, par la ſoupleſſe des reſſorts & des ſoupentes de mes voitures, par mes chevaux qui me traînoient avec rapidité, par de riches boîtes qui rempliſſoient mes poches, & dont je changeois à tout moment. Les femmes ſur-tout étoient touchées de mes rares qualités. Je les voyois s'empreſſer autour de moi. Les meres faiſoient épuiſer à leurs filles toutes les reſſources de la toilette pour me plaire. Un nombre prodigieux de ces filles vouloient m'épouſer. Les unes employoient les minauderies ou la coquetterie pour parvenir à ce but, d'autres affectoient un air ingénu. Dès que je paroissois dans une assemblée, tous les autres hommes n'avoient plus à prétendre ni parole ni regard. Tous les yeux étoient pour moi. Je me laissai éblouir par ce prétendu bonheur que me donnoient mes richesses. Je songeai malheureusement à prendre une femme. Cependant comme l'or ne m'avoit pas encore tout à fait troublé la raison, entre tant de jeunes personnes qui recherchoient ma main, je voulus choisir celle qui paroissoit la plus modeste & la moins déleurée. Mais bientôt je vis que c'est en vain qu'on met en œuvre ses yeux & son jugement pour découvrir le naturel des femmes du grand monde. Dès le lendemain de mes noces je compris combien je m'étois trompé. Ma femme étoit querelleuſe, jalouſe, coquette, joueuſe. Dès qu'elle ſe vit parvenue à ſon but, elle quitta le maſque trompeur, cet air doux & naturel qui m'en avoit impoſé. Dès-lors elle ſembla prendre à tâche de me déſoler. Elle ne cherchoit qu'à me donner de l'inquiétude. Je ne pouvois rentrer chez moi ſans être querellé : elle n'avoit que dédain à mon égard, tandis qu'elle faiſoit à tous les autres un accueil très-honnête. Enfin ſa dépenſe étoit énorme, & j'étois continuellement obligé à faire de l'or pour payer ſes dettes. Mais quelle fut ma ſurpriſe, lorſqu'un jour qu'elle avoit perdu au jeu des ſommes immenſes, je reconnus que ma pierre philosophale n'avoit plus de vertu. Cet événement, les affronts que je reçus, & les mauvaises manieres de ma femme, me firent devenir fol. A peine en eus-je donné la premiere marque, qu'elle me fit mettre aux petites maisons. Je croyois dans ma folie l'avoir toujours sur mes épaules, me querellant à l'ordinaire. Je faisois, pour m'en débarrasser, de continuels efforts; enfin le réveil vint heureusement me faire voir que je n'étois pas fol, puisque je n'avois point de femme.

FIN.

www.ingramcontent.com/pod-product-compliance
Ingram Content Group UK Ltd.
Pitfield, Milton Keynes, MK11 3LW, UK
UKHW020239180726
13839UKWH00001B/69